小資族房地產
交易勝經

胡偉良——著

CONTENTS 目錄

Chapter 1 「一定要有」的買房觀念 ——
認識房地產這個行業

Chapter 2 房價 VS. 房市

Chapter **3** 買房這件事……

Chapter **4** 小資族如何追求財富？

無私奉獻智慧，我們深以他爲榮

胡偉良是我台大土木系的系友，熱情的他是極爲少見肯在營造業發展的朋友，充滿活力的智多星，擁有博士學位及技師資格，時任尙禹營造董事長的他是我經常請教的對象。

當年我在台大擔任土木系主任，推動教育課程改革、研究領域檢討、增進產學交流及校友聯絡，推動台大土木文教基金會成立及運作，他都熱心給予支持及協助。他曾擔任兩屆的土木系校友會理事長，在他的領導下，關注社會議題及土木工程發展，期間曾召開台大土木全民開講，對當前多項工程重要議題及商機進行討論，也召開「土木人的未來之路」，廣邀請產官學研及民代各界暢談心聲，轟動一時。

之後並再擔任土木文教基金會第三屆董事長，出錢出力，彙整人脈及產業發展。在那段時間，他一面發展公司業務，又不忘回饋母系及關心社會，忙碌異常。

之後，我接任台灣營建研究中心主任，規劃拓展業務，以營造業之工研院爲目標，在當年曾元一董事長大力支持協助下，擴大改制爲台灣營建研究院，深化營建自動化及營建技術和管理實務，擔任產官學界橋梁，隨後並購置新店市台灣科技總部 11 樓辦公室總部。而身爲好友的他深知和營建業智庫相鄰的益處，跟進於 6 樓購屋成爲公司總部。營建院與他公司互爲鄰居，經常相互拜訪交流，一方面，他也目睹及參與

了營建智庫的發展，而我也很開心有一位免費的高級顧問。

偉良追求創新，不斷充實自己，不僅和學術界密切交流，在管理及法務方面也有豐富學養及實務，對於工程市場發展及政府互動，他有很深體驗及感受。

他是難得一見的營建界量產作家，忙碌之餘仍透過一篇篇精彩文章及最早出版之「營建勝經」及「丈劍營建行」兩本書，震驚媒體及工程界。而他對政府營建及工程部門的不滿及建議，也成為營建院和政府部門努力改善之激發力量。

最後終究在飽受顧問公司及政府業主的不合理對待下，逐步放棄公共工程市場而走向民間建築工程，企業體更進而往上成為建商之角色（成立品嘉建設），進而採一條龍作業方式（土地開發、房地產開發銷售、營造工程），以追求更寬廣的施展空間。很快的，彙集一身的工程專業、熱忱、積極創新及作家身分，經由統包工程及房地產業開發耕耘，成為建築產業之領導者，一面提升產業升級，也客觀的為消費者及弱勢者的居住正義發聲及努力。

白手起家，開創事業的偉良也未必事事順利，他自稱從商期間共經歷三次危機，資產三次歸零，均重新再起。面對多變的社會及市場變

遷，他持續充實自己，進行學位進修，及轉型發展。

我於民國 90 年擔任台灣大學總務長、新竹生醫籌備處執行長，掌管推動無數統包建設、都市更新、BOT 學生及教師宿舍。後續並於 97 年起進入行政院擔任政務委員、工程會副主委及主委，莫拉克災後重建會執行長等工作，忙碌不已，惟這段和工程界密切互動期間，卻未見知無不言的好夥伴偉良之蹤跡，僅能在媒體上看到他的言論。或許是我非常忙碌，或是他歷經轉型發展，多次聯絡卻無法搭上線，百思不解。這在狹小台灣及工程界，現代通訊發達，真是罕見之事。

直至前些日子，偉良主動跟我聯絡及前來拜訪，邀請我為他的新書推薦及寫序，我和他重啟聯絡歡聚。首先瞭解是我打的電話號碼已經失效，他倒是簡單的說「你擔任官員，所謂官商不便多接觸」，我說「政府不是就應該服務產業，多聽聽業界心聲建議嗎？」這兩句話再融合我們友誼，也彰顯偉良感人體貼之優秀人格特質。

在少子高齡化，及建築物老舊危險的嚴峻時代，政府部門無不致力於都更及危老重建，但是推展速度緩慢。偉良以中小型公司的規模及彈性、專業優勢，看出機會，將蓄積實力，以「一條龍」作業模式加上個人專業、懇切及打拼服務特質，幫助陷於推動困境的政府，藉由民間專業力量走出新闢的一條路，供年輕工程師學習，實在令人敬佩。

在這多變的挑戰環境下，由於口碑及專業服務，他公司於今年推

出的案量已達 100 億之多，目前已是全台危老案量最多的公司。其手上進行中的都更案量也達數百億之多。偉良走入民間建設產業，長期以來，默默耕耘，辛苦異常，他卻表示感覺紮實。偉良更利用週末時間，關起門來擲筆耕耘，將他創新想法及經驗撰寫成文章，並出版成本書，和產業界及民眾分享經驗，實在難能可貴。

本人能夠為此新書撰序，倍感榮耀！

能者多勞，在偉良身上，我看到工程師奉獻國家社會的毅力及智慧，深以他為榮。

陳振川
曾任行政院政務委員兼公共工程委員會主任委員
現為唐獎教育基金會執行長、台大土木系名譽教授

處於「人云亦云」的時代，他卻絕不盲從……

跟胡偉良博士結緣，是個很奇妙的緣分。在我的創業團隊，有兩位年輕人後來結婚，買房。他們都是小康家庭的年輕人，不是富豪之家。當時我一方面對於我們創業能讓這樣的年輕人有機會買的起自己房子感到欣慰，但同時也很好奇他們是買到什麼樣的實惠房子？他們說是跟一位專門做老屋改建都更案的建設公司老闆胡先生買的。他們還一直跟我說這個老闆很酷，很有意思，而且對年輕人很照顧。所以後來買了房子後，也跟這位「胡老闆」成了好朋友。我那時候就覺得這個老闆不簡單，竟然會讓年輕人買了房子後還成為好朋友，當時我就對這位奇人留下了印象。

後來因為我們社區的住戶房子老舊，五十年老房想要改建，我便牽線讓大家認識胡博士，也因此對他有更多的見面跟了解，後來也變成朋友。胡博士真的是奇人，學富五車。從最早台大土木系畢業後，後來在美國工作時又跟哥倫比亞大學的系主任毛遂自薦，進入哥倫比亞大學進修。目前擁有營建管理、商學、法學跨領域 3 大博士學位。也因為他的學識廣博，所以他對很多事情的看法跟觀點，常有與人不同的獨特見解。在這人云亦云的時代，這是讓我覺得非常難得的。

胡博士另一個讓我佩服的，是他過人的毅力。他年輕時家中發生變故，從年輕的時候就得去打工賺錢養活自己。後來從台大畢業後，不以安穩度日為滿足，投入創業。在他的才智與努力下，極為成功，但卻也因為夥伴的問題、或是大環境經濟危機的連累，在人生中「財產歸

零」了三次。一般人遇到一次或兩次，就一蹶不振了，但胡博士每次都能從人生谷底再爬起來，找尋機會，再創高峰。胡博士的這種韌性，真的很不簡單，讓我非常佩服。

除了學識跟毅力外，胡博士讓我敬佩的，是他的敢言。他對事情有獨到的見解，而他覺得對的話就應該要講，不管會不會得罪人。比如說，胡博士曾呼籲，「建商應該保持微利心態，不該再有早期暴利的思維。」這種話說出來，必然是得罪許多業界中人。但胡博士覺得對的事情就該說。這或許來自於他的人生經驗吧？當一個人「財產歸零」過三次，每次都能再站起來，他還有什麼好怕得罪別人的呢？所以他敢言、直言，把他的見解無私的分享給大家。

這也是為什麼我對胡博士這次所寫的新書很期待。從我看到他我公司那兩位年輕人的關照，我看到他是真心關心台灣年輕人的。所以當他說他想幫助小資族年輕人，讓大家對於理財、購屋能有更正確的認知，幫助年輕人能更有機會在這貧富越發懸殊的社會中起步，我是很感佩的。這本書裡面的見解跟觀點，可能有很多都跟讀者原本的認知不一樣，不見得每個人都認同。但我認為，正因為不同，而在這人云亦云的社會，這樣的書更有其價值。推薦給大家！！

葉丙成

臺大電機系教授、無界塾創辦人

爲什麼要寫房地產文章、出版新書？

　　十多年前，因爲從事房地產的關係，讓我開始關心起房地產的大小事情，但卻經常發現一些相關的報導和傳聞，竟然和事實有著「天壤之別」，而那些報導和傳聞的來源竟然都是出自「學者」、「專家」之口，這件事對我來說眞的很震撼，沒想到這些所謂的學者、專家竟然可以這麼的「**既無知又大膽**」，對房地產這麼的「不專業」和「不深入」，還「自以爲是」的誤導一般的民眾。

　　說來很好笑，就是基於這樣的看不慣心理，促使我動筆，把我所知道、鑽研過和體認到的房地產知識寫出來，和讀者分享，一方面是心存善念，另方面則在廣結善緣，這是我的初心。

　　本書同時從宏觀、微觀，正反不同角度和觀點，去探索房子相關樣貌，除非房產、財富都與你無關，否則錯失本書會很可惜。而我本人雖是房地產開發業者（建商），但本書卻不單從業者的角度來撰寫，而是切換到購屋者的角度，以「用戶思維」來看待房子；也因爲作者對房地產有更多了解，因此能更深入、有效的去看房地產，既「不爲賣屋而行銷，也不會爲譁眾取寵而八卦」，只告訴你房地產的本質、眞相，讓你掌握房地產的奧秘，從而增進自己的財富。

　　我把這本書定位成「協助讀者進行房地產實務操作」的「生活工具書」，也就是在房子相關的重要原則上，你都可以把握分寸，從中得到指引。

　　本書裡有些觀念可能出現不止一次，是因爲太重要，所以反覆叮嚀。在每個章節裡更會針對其中重要議題深入討論，詳細分析，以求完

整、全面。也因為書中包含了太多的重要觀念和邏輯，所以會「特殊字體加套色」的方式描述重要的觀念和邏輯。

市場上很多名嘴、專家，喜歡大放厥詞、高談闊論，但倘若這些人自己都沒抓準趨勢，他們自己的買房經歷都沒很成功，或因而致富，你還敢對他們有所期待？或去追隨他們？你覺得會有致富的機會嗎？

對於心存偏見的讀者，作者不建議閱讀本書，尤其對一些認定作者是為了「賣房子才寫文章、出書」的酸民，建議無需閱讀，因為在本書中你找不到同溫層的慰藉，看不到什麼房價暴跌，房市崩盤，這一類可以在精神層面帶來快樂、刺激、滿足，甚至爽快的文章，那種文章看的舒服，罵得痛快，語言極端，還能提供幻想，洗腦效果好，但是對現實是沒有任何幫助，基本上就是文字垃圾，和垃圾食品一樣，喜歡吃的人不少，味道好，沒營養，但有害身體。

房地產的生態在逐漸改變中，好的品牌廠商將不斷崛起，這是時代進化的結果，我的公司（品嘉建設）也清楚的見證了這樣的進程，這本書也記載了我們的思維和進化的軌跡。

書中有些內容是根據作者近年來在各媒體上發表的文章，重新整理、更新、改寫、補強而成，但因為時間倉促，若書中出現錯字，也請讀者見諒、海涵。

祝福大家，我的朋友們。

胡偉良

「一定要有」的買房觀念 ——
認識房地產這個行業

錯過買房是戰略失誤，是對房地產認知出現了偏差，買錯房是戰術錯誤，是對房地產專業認識不足。相對於買錯房的損失，錯過買房才是最大的損失，畢竟一次的買錯會被其他房產的增值給攤平，錯過就是徹底的損失。

房地產的嚴重問題

房產為什麼會錯買？除了要怪自己認知不清之外，建商、房仲、投機客的惡意操盤也難辭其咎，什麼是惡意操盤？一手房製造虛假宣傳，捂盤加價，利用壟斷和資訊差製造哄搶氛圍都是操盤的手法。

如何避免？可能只能靠自己勤做功課、請教真正的專業高手，當然，參考本書也會是很好的方法。

關於營建產業的「低品質和高成本」的認知

說實話，營建業是個不單純的行業，這個產業涵蓋營造和建設兩個不同種類的業種，兩者的業務性質截然不同，營造負責工程施工，而建設負責建案籌資，並統合土地開發、產品規劃和定位、銷售、營造、交屋、和售後服務。

因為房地產業的專業性不那麼高，加上厚利，使得很多人都想涉

入其中，或參與其中的利益分配，像土方、廢棄物處理、改建過程的住戶整合……，都有黑道勢力的介入；另一方面，不同的專技團體以「專業分工」之名，紛紛介入及增加各類審查，既耗時又花錢，這些都是這個行業的沉痾。

再從產品的製作精密度來看，營建業的量測標準為公分，其他產業則是毫米、奈米，精密程度相差極大，所以期待這個行業能展現像高科技產業一樣的高品質，是不切實際的期待，國內外皆然。尤其在這個大缺工的時候，能夠守住重要部分，對疏漏、瑕疵部分，能勇於負責，就是好廠商了。

在這個行業裡，除了嚴重的缺工問題外，還經常得面對腐敗的官僚，因為官僚的無效能，造成了大量的資源和時間浪費，從而增加了建屋的成本。就像一個簡單的危老改建案，耗費2、3週的資料準備時間，但主辦機關卻得花費6～10個月去審查核可，申請建照又要花6～10個月，開工前準備的各項文書作業、施工核准再花上至少3個月，使照申請再花3個月。耗在政府行政審查的時間幾近24個月，幾乎等同施工時間，一個建案從開始申請到交屋足足花了4年以上，管理費用、利息費用都因此幾近加倍，而這些成本的增加基本上只是個「浪費」。

所以政府效能真的很重要。

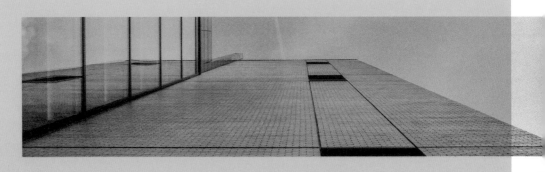

1.1 高手專用的房地產煉金術—— 入門 15 招、防身 17 式

豬站在風口上也能飛,很多人成功並不是自己有多大的能耐,而是在合適的時間做出了正確的選擇。

高手入門 15 招

十五年前買房不用糾結,只要敢買,無論買在哪裡你都能賺到錢,現在不一樣了,如果要買的房子能夠增值、保值,必須多考慮。**此時,構建正確的買房思維就格外重要,思維正確了,才能引導你做出正確的選擇。**

1. 決定房價的中、長期關鍵是「人口」

我們要遵循城市化發展規律,**要到人口大量淨流入的地區去買**,長期看,六都以外的人口持續淨流出,包括六都也只有部分是人口持續淨流入,而台北則因房價太高、成屋有限,造成人口外溢。

2. 買房要選擇「二手房 + 流動性強」的城市

一個城市的房子是不是值得買,要看這個城市的二手房市場是否成熟,我們買房最好**選擇二手房成交量大於新房成交量的城市**,有人接盤的房子不怕房價跌,反之,沒有人住的房子,即使再豪華也是建築垃圾。

3.對房屋的「價格」要有正確的認知

一套房子的價格組成中，土地的價格才是**關鍵**，房子升值其實是土地在升值，豪宅和普通住宅的建造成本相差並不太大，而**在土地廉價的郊區蓋的所謂豪宅，大多是溢價，是概念的炒作，很難有後續上漲的空間**。同樣的預算寧可在中心城區買普通的住宅，也不要到郊區買豪宅。房子建在什麼地方，才是房子價值之所在。

4.買房不要貪圖便宜

一般情況下，一分錢一分貨，貴有貴的道理，便宜有便宜的原因，買的貴，將來賣的貴，買的便宜，將來賣的話也很便宜，甚至還會賠錢。

5.海外房產不要碰

國外人生地不熟，文化和政策差異很大，稍不留神就會掉進坑裡。所以千萬不要聽信那些仲介的胡扯亂蓋，他們為了高昂的仲介費用連哄帶騙，吃人不吐骨頭。

6.買房切忌盲目跟風

要冷靜，不可盲目追高，大多數人都是買房小白，沒有專業知識，也不長期追蹤房市動態，**當你聽說房價漲的時候，其實房子已經漲過頭了，進場已經太遲**。

7. 一定要有房

在未來，階級分化嚴重，有房就是有產、無房就是無產，爲自己也爲家人著想，一定要擁有一間自己的房子。事實上，**房價走勢對於剛需眞的不是那麼重要，別妄想抄底房市，多想想自己要什麼，按照自己的需求去買房。而這個世界上最好的房子，就是你感覺有點貴，但是只要稍加努力就能買得起的房子。**尤其不要對第一套房要求太多，我們要階梯消費！理性置換。

8.「淡季」才是購屋的好時機

每間房子的特點、屬性、品質各異，而每個人對房子的品味和愛好也是獨特的，但若單純從市場走向來看，淡季會是購房者置業的一個好時機，因爲淡市時意味著有更多的選擇機會，而且價格也更趨於合理，買房會比較有機會佔到便宜。

9. 選擇「利率低」的時候進場

如果購房者手中有充足的資金，或資金的流動性相對順暢，且有購房打算，那麼可以在銀行利息還高的時候，選擇合適的房子出手購房。但這個決策應該是**建立在自身支付能力的基礎上**，而不是盲目跟風，以免一旦超出實際經濟能力，很可能會因還貸壓力影響未來的生活品質。

10. 買房應當關注「區域供應量」

當市場處上升態勢時，一手房的價格會高於二手房；反之，在房

市不振時，部分一手房的房價格甚至有可能低於二手房。在同一個區域中，房價往往受這兩者案量的影響。

比如，當一手房供應量較多的時候，開發商為了爭奪客戶而競爭，價格會相對合理，對於購入新房的購房者則相對合適；而當一手房供應量減少的時候，面對市場需求，就可能會出現賣家囤貨居奇，價格上漲的情況。

11. 房貸不超過收入「4 成」

據「標準普爾」的家庭資產配置的建議，房產作為一種兼具投資保值的大宗商品，佔據家庭資產的 30% 是最為健康的。但在台灣的三大都會區，房產大多占到 50% ～ 70% 的比重，而且這種情況還很難改變。

再從還款來看，**房子的頭期款往往是舉全家之力**，而貸款則多由購房者單獨承擔。我們可以根據每月收入的情況來考慮房貸的承受力。建議房貸占比家庭收入不要超過 40%，至少還能維持一個相對穩定和體面的生活。

12. 地段＞產品

李嘉誠雖然已經不在江湖，但他關於地段的傳說一直留傳在江湖上。因為他曾經說過：「決定房地產價值的因素，第一是地段，第二是地段，第三還是地段。」

首先從居住體驗來看，**你會適應一間不大的房子，卻永遠適應不**

了單趟 1-2 個小時的通勤時間，一個距離工作地點近的地段就是好地段，住在這裡幸福感會與日俱增。

再者從增值保值維度來看，好地段的房子更具增值保值的空間。

13.「易跌難漲」的房型不要碰

當買房的人聽到當初和買入價差不多的其他房子又漲了多少多少，而自己的房子卻絲紋不動或者像蝸牛一樣只爬了一點點的時候，可能心裡上會覺得不是滋味。

剛需真的可以不在乎房子的漲跌嗎？

剛需真的不怕自己房子跌價嗎？

剛需大多都是普通老百姓，受薪階層，賺錢不容易。收入越高的城市，消費越高，而剛需一般是事業剛起步的，所以每塊錢都是費盡千辛萬苦才賺到的，算一算要賺到每一塊錢都是淚，靠這麼點收入想存錢買房很難，過日子，柴米油鹽醬醋茶，都是花錢的地方，水電費、交通費、租金，如果再有個車，還有保養費、油費、保險費、停車費等等，一個月下來，也剩不下來幾個錢了。要知道，以目前全省的房價，絕大多數剛需要買一間像樣的房子都得省吃儉用，再東拼西湊後，背上個二三十年的貸款，整個過程說像「剝了一層皮」也一點都不過分。

一個人要不吃不喝 16 年才能賺夠買一間房子的錢（以台北市為例），一個人一生的工作時間是多少？ 45 年左右，感受一下。16 年

不吃不喝才換來的東西，這種等級的操作，剛需怎麼可能不小心再小心，對價錢看的比命還重？同樣是一個兩房一廳的房子，1,500 萬買下來和 1,600 萬買下來，好像只差了 100 萬，就差 7% 而已，但這 100 萬對剛需卻是要命的大事，100 萬可以直接拉低一個剛需的小家庭幾年的生活水準。

如果這房子一年以後跌了 100 萬，你說剛需一家談起來是什麼感受？

如果跌了 500 萬呢？那更不得了，會不會想去撞牆？

如果漲了 100 萬呢？這可不是什麼紙面富貴，剛需如果用 1600 萬賣了 1,500 萬買的房子，難道不開心？

剛需買房的錢是辛苦錢、是血汗錢、是省儉錢、是親情錢、是養老錢、是人情錢，一分一毫都不容易，這錢賠不得。所以**剛需對房價看的可比投資客重要多了！**

14.要勇於逆勢操作，特別是房市處於下行階段。

房市的下行階段往往也是買房的好時機，除非建商已面臨資金鏈斷裂的危險，否則建商公開再降價的空間已經有限，倒是可以利用關係，和建商誠意私下議價，在當前新屋量餘屋量尚高的情況下，說不定有可能議到一個不錯的價格，但是不要期待會有腰斬價，畢竟建商有它的成本，沒有人會願意賠本賣房給你。

再以當今雙北為例，**土地價所佔的成本比例，台北市已在 6 成以**

上，新北鄰近台北市的區域（永和、中和、新店、三重、新莊、板橋）也在 5 成以上，加上營建成本，其實讓價空間都已經不大，買家亂砍價，除了讓人覺得「搗蛋」之外，賣家根本不會搭理，而白白的浪費了一個原本有利的好交易。所以我的意見始終一致，有需求的剛需購房者，這個時候真的應該好好勤看屋，做好自己的購屋計劃，見到符合自己需求的好物件，勇敢而誠實的去誠懇議價，那麼你會有機會議到這一段時期（包括未來幾年）最好的價格。

作為剛需，既然瞭解自己的辛苦，那就更應該研究一點房市，學一些基本的市場規律，至少大概知道那裡是坑，什麼時候是漲過頭了，不能頭腦一熱當了接盤俠。

15.設定目標——在未來賣出時，也能賺到錢

如果剛需對自己的判斷真是沒有把握，不妨諮詢一下有經驗的高手，但要有前提。首先：剛需**要有最基礎的房市知識**（看完本書就可以具備），有做基礎判斷的能力，這樣和高手在談論也會有交集，對方知道你懂也會願意和你深入溝通，自然你就能獲益更多，風險更小。

再者：就是坦坦蕩蕩的承認，**剛需也一樣有未來房價上漲的需求！**接盤俠這種「偉大」的工種應該是已經賺的肥滋滋的炒房客去當，而不是剛需！畢竟，**剛需的第一套房基本都是要置換的**，換房的時間一般是在 6 到 8 年，這段時間如果沒有回到平均漲幅，那麼一些本來該屬於他們的財富就永遠的失去了。切記：**財富增長的路上，一步落後，後面步步都會落後，差距只會越拉越大。**所以說，作為一個靠雙手打拼的剛需，要對自己的錢財負責，記得抽時間、花一些精力學點基本

的房市知識，做好自己的主人。

菜鳥防身 17 式

不管是自住還是投資，買房最忌諱的就是「三不靠」：不靠捷運、不靠學區、不靠周邊配套（生活機能）。

1.避開三不靠

買房抉擇時，捷運、學區、配套這三件事極為重要，能同時滿足最好，不能兼得時至少也要滿足一件。**三件都不具備的房子，不僅漲的慢、跌的快，而且居住功能也會受到限制，沒有居住屬性和金融屬性的房子，就是一堆材料！**所以，買房最好的選擇是交通便利、靠近名校、周邊配套成熟的房子。

2.豪宅與普通住宅

同樣的價格，投資首選市區普通住宅，而絕不要買郊區豪宅。**郊區豪宅的溢價早在開盤時就已完成，日後必定跑輸大盤。**而市區地段好的普通住宅、增值空間反而比較大。畢竟，**增值的是土地而不是房子**，裝修只會隨著時間跌價而不會漲價。自住可以買豪宅，但投資一定要買普通住宅。如果你是投資客，首選市區住宅，**地段是你投資時應考慮的第一要素**。

3. 如果是投資，就要有兩間以上

兩間以上才叫資產，只有一間自住房，其實就只能自用！

4. 等待毀一生

人生兩件事要趁早，一是出名，二是買房。

千萬別覺得積蓄不多就一拖再拖，對於絕大多數家庭來講，湊夠 20 ～ 30% 的頭期款，還是可以做到的。

記住一點，買房，不是你有沒有錢決定的，而是房價漲不漲決定的。**只要房價會上漲**，就要想盡一切辦法及早上車，沒錢買小房，有錢就買大一點的，**抓住每一次房價的上漲紅利**。不浪費任何一次使自己身價增值的機會。要記住：**買房窮十年，等待毀一生**。

5. 便宜是王

買房要**選擇價值被低估的房子，選擇開發商在促銷時買入，以及房東因缺錢而急著拋售的房子**。買房第一原則，絕不是看的順眼，而是價格便宜。

6. 買房的屬性

買房有三種需求：純剛需、純投資、剛需加投資。**對剛需來說，錢夠就買，因為沒買到就要等待的更久。對投資來說，時機對了再買，因為時機不對就會套牢**。對於剛需加投資來說，**付得起每月的還款金額就買**，只要現金流不出問題，漲跌都不是問題。

7.賣出之時

我通常把人分為兩類：一類是時刻關注趨勢走向，在上漲前買房的人；另一類是通過看新聞報導才知道現在房價上漲的人。

第一類的人永遠是人生贏家，第二類的人要麼是祈禱房價大跌的傻瓜，要麼就是高位接盤的小白。房產投資，要做發現機會的人，而不是聽人談論機會的人。**當賣菜阿姨都告訴你現在房價漲的厲害的時候，你的覺悟已經太遲而且無可救藥了。**

請切記：當新聞開始出現高房價的報導時，就是賣出的時候！

8.對抗通脹

亂世黃金、盛世古董。幾千年來，人一代代繁衍下來的目的，就是在傳承財富、對抗通脹。美國人的財富中，金融資產占比 70%，房地產占比 20%；而華人正好相反，房地產占比 70%，金融資產占比 20%。現在，最焦慮投資的不是富裕階層，而是大量的中產階級，手裡的幾百萬現金反而成了燙手山芋。

9.培養房地產的感覺

多看房，既可以瞭解行情，也能找到好的標的物。房價再低也有人買不起，房價再高也有人搬新家。**「買房可以說是人生的爬坡期，苦一段時間，熬過去就可以慣性加速」**。投資理財的方式很多，但房子一定是五花八門的投資工具中最穩健的，很少例外。

10. 不要問沒房的人

當我們要做一件事情但卻拿不定主意的時候，就常會去諮詢別人尋求建議，但是對於買房這件事情，如果一定要問別人，那最好找有經驗、買過房的人士，他們至少知道一些買房子旳相關事實，像什麼樣的房子該或不該買。而還**沒有買房的人**，他們的考慮則可能比較片面，比如說只考慮價格，只選擇便宜的房子，卻忽略了**地段、配套、面積、保值升值**等問題，**無法給出有參考價值的建議，甚至還容易給出錯誤的建議。**

甚至還有人說，**親戚朋友的意見多數是廢話，沒有三套房子的人，不配給別人買房意見；**這就像我們想創業，然後問一個打了一輩子工（受僱）的人，他只會勸你「求穩」，再等等，不要創業！

11. 不要一味的「求大棄小」

「求大棄小」指的是買房只選擇大面積的而不考慮小面積，其實這種觀念並不可取。如果有能力一步到位，一次性買到大面積的房子固然是好，但是不能陷入「只買大房子」的錯誤思維。首先，大房子肯定「總價」比較高，如果想買便宜的大房子那就只能放棄區位，去偏遠的郊區買，但是未來想賣就很難了；其次，郊區的大房子保值性並不好，存在著富人看不上，窮人買不起的屬性，買到就等於套牢。

買小房子會更加靈活，既好租、也好賣，位置好的小房子未來會更值錢。

12. 品牌建商的房子優於無名小建商的房子

相對來說，品牌建商的樓盤比無名小建商的樓盤更有保障，畢竟品牌建商會比較注重信譽，所以蓋房子的時候無論是對材料的選擇，或品質的管控都有自己的標準和要求。

但是市場上有很多小開發商蓋的建案，甚至還有可能是新手企業，因為實務運作經驗不足，房子存在著很大的不確定性，比如規劃、施工、品質、資金等，這些項目都有可能出現差錯，結果有些甚至成了爛尾樓，不能交屋，有些即便交了屋，在保固、售後服務上也無法到位。

13. 儘量選擇有前景的大城市

買房既要選擇地段，還要考慮城市，隨著時代的變革，一個城市是否有前景和競爭力會直接表現在房價上，有著優質資源的城市、產業結構豐富多樣的城市、經濟增長不錯的城市，未來房子依然有持續不斷的需求。

反之，那些資源匱乏的城市，產業結構單一的城市、經濟增長緩慢的城市，都無法改變過去和未來人口持續外流的現象，這些城市的房價未來會面臨加速下跌的過程，尤其**以投資為考量時，一定要避開前景不佳的城市**。

14. 別貪便宜買下屋齡逾 15 年的傳統豪宅

這種房型通常**升值慢，難賣**！

豪宅拋售需要人接盤，但富豪買房就跟男人看女人一樣，喜新厭舊是常態，十年前最好的產品，十年之後肯定不是最好的，特別是很多城市的中心都在從老城區遷移到新城區。所以這就造成了大戶型的傳統豪宅，一旦屋齡久了點，就會被時代拋棄，跑輸大盤。

15. 除非你在小城市上班，否則別在小城市買房

為什麼？原因即在於：

（1）大城市的發展前景比較樂觀。能否在一個城市買房，關鍵在這座城市的升值空間。住在城市裡的人，其財富是會隨著城市的增長而增長、衰弱而衰弱，所以在買房之前我們必須要判斷城市的價值增長空間。大城市，由於人口持續流入，資源和政策也接連不斷，所以，大城市的價值增長空間才大。當我們把辛辛苦苦賺來的錢在大城市買房的時候，資產不會貶值，而是會隨著城市價值增長而增長，我們一輩子打拼的心血才不會蒸發。

與之相反，在一些小城市，如果人口持續流出，城市的上漲空間其實是在不斷壓縮，一旦市場下行，這類城市價值下行也是必然的結果。在這類城市購房，將積蓄變成這類城市的不動產，長遠來看，你的血汗錢很有可能隨著城市價值空間被壓縮而蒸發掉。那麼，是不是買房非買大城市不可呢？當然不是，**如果你的事業在小城市，就不用想太多，就在小城市買房吧，反正是用來住的，不必太在乎它的價值增貶**。但若是著眼於投資，那就要留意它的人口是否持續正增長，經濟增幅如何？如果答案是正向的，就具備投資的潛力。

（2）大城市有著更多的機會。在大城市的生活壓力很大，一間房

動輒就是幾千萬，對於不是土生土長在這座大城市的人來講，買房的壓力確實非比尋常，那麼，爲什麼還有這麼多年輕人願意到大城市"辛苦"地生活呢？主要因爲大城市有著年輕人的夢想，有著更多的機會，那裡更有他們的未來。年輕人選擇大城市，本身就是努力拼搏精神的體現。

大城市大企業多，機會就多，雖然生活費用會高些，但是相比大城市的薪資收入而言，仍是可以承受的。而且**只要你夠優秀，就能進入更棒的公司，收入就會大幅提升，而且不僅僅是工作的機會，也有一些其他相互合作的機會、深造的機會。**

（3）大城市的教育資源較好。不僅僅考慮自己，還要考慮到下一代。在大城市本身的教育水準高，爲了下一代著想，這也是一個買房的原因。

（4）很多人習慣大城市的一切。除了以上這些原因外，很多人進入大城市，也只抱著暫住的心態。然而，隨著時間的流逝，大家已經習慣了大城市的一切，雖然忙碌、辛苦，每天在通勤上都要花費很多時間，然而，就是習慣了。**在行爲經濟學中，有一個規律說明大家總是傾向於安於現狀，而對未知的不確定的因素充滿了憂慮和恐懼，所以，不願意去改變。**

（5）大城市都是人口聚集的中心。大城市在世界各地都是人口聚集的中心。首先，大城市擁有更多的就業機會，社會分工更加細化，無論你是否能力夠強，只要能吃苦，都能找到一個工作，不像小城市工作機會有限，想找份符合自己專長、興趣的工作，有時並不容易。

其次，大城市擁有更多的機會，作為年輕人，尤其在乎的就是自身的發展規劃，都希望自己能夠出人頭地，在大城市中人流多、經濟細化，遇到的人也多，發展的機會和潛力都比小城市大的多，讓你有機會迅速崛起，

大城市是一個能鍛煉人的好地方，畢竟在精英輩出的地方，人都能練就一身好本事。所以對於有野心的人來說，還是要去大城市。

（6）在大城市買房，可能是當代很多普通人的唯一翻盤機會。時代在變，在過去，房地產造就了大批的富豪，但也因為太多炒作，炒高了房價，時至今日高房價已經成了社會的痛，也引發政府介入干預，**當前投資房產已經不一定是最好的理財工具**，一些高科技企業的優質股票，回報率往往超乎想像，也是房地產投資市場望塵莫及的。

但是，買了房你就有了機會，一個可以和這個城市共進退的機會，一個買入這個城市股票的機會。即便你能力有限，這輩子無法改變階層，還了一輩子房貸，但是，你的孩子未來可以輕裝上陣，還有可能替你翻盤。**這個時代，可怕的不是階層固化，而是在固化的過程中你始終無法佔據有利的位置，享受時代的紅利**。要順應經濟發展的趨勢，也要明白城市的進程、人口流動的趨勢。

房價也是經濟的一種體現，我們都知道不同的城市在經濟發展上是不相同的，政治中心、經濟中心、還是區域中心？不同的城市優勢其發展都不會相同。而任何一個國家或城市的資源總是集中在中心城市。**頭部的馬太效應是永遠不會停下來的**。所以，「**鄉下的有錢人往市區走，市區有錢人往大都市走，這樣的趨勢只會越來越明顯**」。這

是房地產投資者望塵莫及的！

16.時下階層固化、「內卷」嚴重，賺錢不容易！

但是對一個年輕人，一個普通人，過去是普通人，現在是普通人，未來基本上還是普通人的一般人，普通人就要做普通人認知範圍內的事。

如今各行各業因為飽和、產能過剩的情況下，「內卷」嚴重，坦白說，如果你父母沒有給你留下一定的家業，或你沒能進入一個收益不錯的行業，那麼憑藉你過去在學時期的多年苦讀，或者自己在社會上獨立摸索打滾，能夠混出名堂的機率也不會太大。

17.現在購房，一定要多多考慮！

不能單純的認為自己一定可以維持當前的收入不變，也不要輕易將所有的資金都投入。否則，一旦有意外變故發生，房貸很容易就變成壓垮自己的最後一根稻草。

1.2　最眞誠的買房建議──
我該不該買房？哪種房型最適合我？
要注意什麼？

買房最大的問題是心態，想要靠買房子來解決你的所有問題，最後一定是買不到最合適的房子；要不要買房，和自己的能耐有關。

買房心態

相信很多人都會有這樣的疑慮，雖說投資有風險，人人都有機會賺或賠，但在面對同樣的資訊、機會和資源下，爲何依舊有人能夠透過投資賺得巨大利益，有人卻不行？其實「買不起房子的人，哪怕房價下跌一半，也是買不起」；世界上沒有完美的房子，最好的房子，就是靠你的努力和能力買得起的房子。

當然，這當中固然有知識、技術和策略上的原因，但更重要的關鍵是正確的心態。只有先具備了正確的思維方式，才可能在現實中獲得財富上的成功。以下我就爲大家細細分析，投資房地產時應該持有的正確心態。

1. 和做愛做的事一樣，**買房的時候第一次總是會很難**，也會出點血繳點學費，但第二次就好了。

2. 房子是我們人生過程中的一個大坎，但絕對不是唯一一個，走過了這個坎，未來人生的道路你會發現很多相似的地方。

3. 學會賺錢，也要學會花錢，而買房則是我們掌握花錢技能的終極考驗。

4. 買房最大的問題不是專業問題，不是時機問題，也不是投入問題，而是心態問題。買不到合適的房子，基本上都是屬於要的太多，又要自住又奢望快速增值，但又怕買貴，這一類人基本上到了最後都買不到最合適的房子。

5. 不要覺得買了房子就有了安全感，也不要覺得貸款買房會壓力過大，安全感是自己給自己的，壓力也是自己給自己的，心態不調整你永遠不會覺得心安。

6. 房地產市場具有明顯的長短週期，**開始上漲的時候要敢買**，下修的時候不要慌，更要多研究市場，**一旦見到有復甦的跡象就要趕緊出手**。對待買房，一定要死心塌地把買房當成一件大事，最終必能收穫豐厚。

7. 這是一個個體崛起的時代，知識是重要的自我增值方式，任何一段無所事事的時刻，請拿起書本或者背上背包，讀萬卷書，行萬里路，閱百座城！看看各種不同的房子。

8. 年輕人買房，任何時間點都是合理的，別覺得房子一直在漲，別忘了你的身價也在漲。**越晚買房，對你越不利，因為房價在漲。**

「一定要有」的買房觀念——認識房地產這個行業

9. 不要因爲和別人比較，而去買自己承受不了的房子，幸福這種東西，冷暖自知，看起來別人值得炫耀的東西，放在自己身上不一定合適，符和自己的標準最重要，如果有人拿他們的標準來衡量你是否幸福，不用理會。

10. 如果自己還沒有能力買到，千萬不要焦慮，焦慮和動力是完全不同的兩種東西，每個人都有自己的時區，有人在 25 歲已婚，有人依然單身。有人 50 歲去世，有人 50 歲當上 CEO，活到 90 歲。房子、車子就在你的時區裡等你。

11. 房從來都不是一件容易的事情，尤其是第一套房！面對高房價，有人選擇了放棄，黯然逃離了大都會；更多的人選擇了堅持，他們懷抱著希望與夢想，用自己的勤奮和努力，在城市中買房紮根，結婚、生子、終老。

早點看清現實吧！**別在應該奮鬥的年紀選擇了安逸，舒服是留給死人的，賺錢買房擁有一個屬於自己的家才是正途！**

我到底該不該買房？

買還是不買，還是要根據自身的情況來考量。作爲消費者，誰都想少花錢，成就最多事，但是現實上總是不如人意，最容易使我們受挫、受傷。

1. 買房以「租購並舉」的原則爲主。租房著重方便工作、生活，

而買房則要兼顧投資的考量。買不起市區、買近郊，不要買太偏遠的地區。至少要保證有捷運可達，離捷運不超過 1 公里的距離。

2. 儘量不要買（老破小）集中的地方。這些地方拆遷難度大，未來區域房價大幅上漲的空間不大。但是因為這些老城區，區域集中，生活機能會比較齊備、便利，**可以租在這裡。**

3. 最好的投資永遠是投資自己。男生少把時間花在電玩上，女生少買包包、化妝品，找到賺錢比現在多的職位和行業，多花錢在自我充實上，多參加實體或網路課程。多和有經驗的前輩吃飯、交誼，向他們請教實務經驗，提升自己的專業能力和方向，**不要拚命做一些只是出賣時間沒有效益的兼差工作。**

4. 不要為了想買房而買房。有沒有房子，或者有幾間房子不能判斷一個人是否有能力，而那些真正有實力的，縱然沒有房子，一樣能過出精彩人生。

5. 買房前先問問自己對於職業發展有沒有信心，如果你任職的工作穩定但成長性不高，**那買房對你會是重要的生活目標，**但你就別嘗試玩太高的財務槓桿，否則到頭來週轉不過來，反而偷雞不成蝕了米。

6. 如果你手上有很多不錯的投資機會，那麼你不一定要買房，畢竟很多的投資方案往往可以帶來更大的投資效益，真正屬害的角色，哪怕賣光房子去闖，當他想要買房子的時候，一樣可以隨便的出手購入；而買不起房子的人，哪怕房價下跌一半，也是買不起。**因此對一些沒有太多投資管道也不敢輕易創業的人，買房才會是一個長久、穩**

定而持之以恆的理財考量。

7. 不要輕信一些學者、江湖術士、名嘴的看法，他們的唱旺、看衰都是爲了譁衆取寵、騙取關注。要把買房當成一門學問，它涉及經濟、文化、社會、心理、政府政策，更牽涉宏觀的視野，不是上述那幾類人所能理解的。

8. 如果你的收入、投資收益能夠穩穩的戰勝通貨膨脹，那你就會站在社會金字塔的上層，這種人不必擔心房價漲落，什麼時候想買，就能什麼時候買。

像一些明星、企業家都說自己喜歡租房，那是因爲他們有能力買房，也有比買房更好的投資管道，他們有無數的退路，想買房，隨時也就買了。「**但若你只是一個平凡人，買房會是一條脫貧的救贖之路**」，因爲買房的入門條件不算太高，容易上手，風險可控，但中長期回報卻是相當可觀的。

決定買房時，要注意哪些事情？

所謂有錢萬萬靈，購屋需要一段長時間的財務支出，勢必會排擠到其他財務目標的準備，假設你因爲買了房子把所有的財務資源都用上了，再也不能做其他的財務目標的規劃，這樣的購屋決策，在整體財務規劃上看來就不是一個好的決定，所以在買屋前，最好是**經過審慎的評估**。至於應該注意的部分包括：

1. 多研究城市規劃，找城市重點發展的區域。像是副都市中心、科技園區這類可以帶來就業機會的城市建設計劃。

　　2. 千金買房，萬金買鄰。不管你花多少錢買的房，決定你生活品質的人是你的鄰居，所以買房前宜先留意一下社區住戶的背景。

　　3. 房子是這個社會上唯一一個可以 30 年分期付款買的東西，這是制度給到每個人的紅利，要珍惜，不珍惜就等於被別人占了便宜，付款的期限愈長，每個月還貸的壓力也愈小，更何況**通貨膨脹率經常是高過房貸利息的，所以不要怕付利息。**

　　4. 日後當你再回頭看當初每個月還（房）貸，你會發現**就跟你現在回憶初戀一樣，當初痛哭流涕的，現在看來都不算一回事了。**

　　5. 房市下行規律：漲的多跌得多，漲的少跌得少。郊區跌得多，黃金地段區域跌得少，剛需盤跌得少，大城市跌得少，小城市跌得多，配套不完善的跌得多，配套完善的跌得少。總之，人多的跌得少，人少的跌得多。

　　6. 貸款額度求多，年限求長。30 年等額本息最好，用時間換空間。

　　7. 如果真的要投資，就要明白投資的意義，複利才是增值最有威力的地方，你要是仔細去分析，就會發現世界上還真有不少人靠房地產的「買買買」（不斷的買進而不賣出）賺進了大把的財富。

哪一種房型最適合我？

COVID-19疫情衝擊全球經濟，美國的量化寬鬆帶動全球利率紛紛走低，銀行更是大推房貸優惠融資，刺激首購族及剛性買家需求，也紛紛吸引精準購買型的買家出手。但房子怎麼挑最適合，在此我教大家幾個選屋重點。

首先，不妨依照房屋本身的條件也就是「內部條件」，以及外在環境的特點即是「外部條件」兩大領域來解釋，大家在看房時也可為每個物件列舉這樣的分析，自然可以挑到最適合自己的房子。

1.如果看不懂政策走向和市場行情，就跟著城市的捷運規劃買房。交通便利，好賣，也容易出租。

2.這個世界上沒有完美的房子，最好的房子，基本上就是你買得起的房子。

3.買有品牌建商蓋的房子，大致上是比較沒有風險的。即使可能會貴一點。

4.買不起黃金地段（蛋黃區）的房子，就買它周邊或次優地區的房子！像買不起大安區的房子，就去買北投。永遠記住，要先上車，才有換座位的資格。

5.現代人每天的日常分秒必爭，8小時工作，8小時睡眠，剩下的8小時決定你是否能夠與眾不同，而住在哪裡某種程度上決定剩下八小時可以怎麼樣利用。居住地與公司之間的距離，上下班所耗費的路

途時間，很大程度影響每天的生活品質和自修的機會。

6. 小孩子是最有價值的人群，幾乎每個家庭的生活都在圍繞著孩子運轉，把最好的資源、關懷給孩子。所以分析城市基本面，主要看兩個指標：嬰幼兒的出生率和小學生的增加率，能贏得這兩項指標的城市，絕對是最有希望的城市。

7. 如果一樣總價，要買地段、位置好的；房子戶型不好可以去再改造。地段卻沒有辦法改變，所以在買房時，重中之重的就是挑好地段。好地段應該怎麼挑？像是：生活氛圍和周邊配套（區域範圍內是否交通便利？是否有大型超市？是否有醫院？）

羅馬不是一天建成的，地段價值也不是一年就可以完全呈現的，要了解政府的城市規劃藍圖，預測房子在未來的發展性。

買對好房子，是一家人生活的大事。所以選好地段真的很重要！

8. 2 至 3 房既適合自己住，也適合出租。房子不宜太大，否則日後不好賣！

9. 不要買超過自己能力範圍的高價房，高價買房就意味著高額的總房款。這代表著自備款要多，貸款也要多，但隨之帶來的財務壓力也就大。這會使得購房人財務壓力太大、片刻不得放鬆。但是也不必過份保守，買**「跳一跳能夠著的」**，幾年後你會感謝當初做的決定。

10. 要抓對**趨勢**，避免在房價虛高波段時買房。否經一旦遇到市場不景氣或者政策調整之類的事，房價一回落，就會直接造成房地產貶

值；但也**要在房價下修時勤於看房、勇於出價**，否則等房價再從谷底再反彈而上，你就錯失良機了。

11. 如果你只是個普通人，那麼「買房」會是你一生最安穩的致富之道，不要短炒而要長投，擁有二間房、一間自住、一間出租（假設你有多餘的錢可以投資），你會覺得長期的生活更有保障。

房價起起落落，如何判斷下場時機

2021 年堪稱房價上漲年，來到 2023 年之後，房價較 2021 年以前上漲了不少，但好處是建築的規格提升了，樓地板的隔音要求，也將大幅改善上下樓層間的噪音問題。

1. 注意廠商的信譽、能力

眾所周知，房地產是資金密集型行業，從買地、開發到銷售，幾乎每一個環節都離不開大量資金。因此，房地產開發商極易因外界環境的變化，導致資金鏈斷裂。尤其近期政府對建商融資額度的限縮，更將導致部分建商週轉不靈。

退一步來說，即使大家運氣很好，沒有遇上跑路、爛尾樓的情況，但是房屋的品質問題也不得不小心。在餘屋過多、市場競爭激烈的情況下，房地產已經進入低利潤時代，再加上政府的打房，為了降低成本，提高利潤，開發商往往會偷工減料、降標減配，這樣建造出來的房子必然存在瑕疵，最終只能由購房者來買單了。

2. 超前部屬，為孩子上學預做準備

剛需買房，一般都是做為婚房，同時還要考慮日後孩子上學的問題。因此，在買房的時候，也要為孩子上學做好準備。另一方面，**如果資金相對有限，購房者也完全可以考慮二手房，甚至是老房子。**

3. 優先選擇信譽度高、實力強的開發商

伴隨房地產市場的持續調整，不少開發商面臨生存壓力，所以開發商的信譽和實力，是能夠保持房屋品質和按時交屋的基礎。

有不少買了預售房的購房者，由於選了信譽度和實力不強的開發商，最終面臨延期交房、質量太差的問題。雖然品牌開發商也不能完全保證不出問題，但與一般開發商相比，更具有信譽和實力，一旦出了問題，也更容易得到解決。因此，買房應該優先選擇信譽度高、實力強，尤其是有品牌的開發商，從而儘可能避免紛爭和不必要的煩惱。

4. 衡量自身經濟實力，勿貪圖一步到位

一步到位固然好，不僅可以省去很多後顧之憂，還可以大大節約日後的換房成本。但是，對年輕人來說，經濟能力普遍比較有限，所以一步到位同樣也意味著要承擔更大的經濟壓力。換句話來說，即使頭期款能夠付得起，後續的每月還貸是不是會出現無法按時還貸的情況？裝修是否準備了充足的預留款項？這些都是需要事先仔細考慮的問題。

因此，筆者建議，年輕人買房不要盲目追求一步到位。在購房過

程中，最好是根據自己的收入水平、生活日常開支等情況量力而行。一般來說，每月還貸最好控制在月收入的 1/3，如果自認為自己的未來收入可以逐漸增加，則可放寬貸款比例，但最好還是不要超過 **50%**，否則會大大降低生活品質。

不同年齡層，買房考量大不同

居住需求是人類生存的基本要求，買房也是每個人人生都需要面對的問題，對不同年齡層的購房者來說，由於財務狀況、職業發展的狀況不同，在買房時應該考慮的重點也有所不同。

在買房或者進行房產投資的過程中，購房者應該詳細分析自身的家庭、財務狀況及職業生涯目標等，並在上述基礎上，確認自身的買房目標和風險屬性，最終確定合適的房產投資策略。

年輕首購：關注「財務承受能力」是關鍵

年輕人剛參加工作不久，由於正處於家庭形成時期，財務狀況比較吃緊，而支出卻隨著家庭成員的增加不斷上升，積蓄也隨之下降。

此外，由於職業生涯處於起步或成長階段，除非有長輩贊助，否則並不適合承擔過高的財務風險。這個階段對絕大多數的年輕人來講，算是人生第一個階段：「生存階段」。在有限的收入限制下，宜遠離負債，這個階段最重要也最值得投資的是：自己，往自己身上花錢、學習、交際、考證、人情投資……，生存階段的人，好好活著，不求

質量，才是現實。

畢竟一旦買了房，就背負了固定的房貸，會讓年輕人在工作選擇和創業發展上，受到約束和限制，這點也是要特別提醒的。

順利適應並且度過生存階段，有了一定的積蓄之後，人生旅途進入了「生活階段」，開始主動打理和規劃自己的財富，用前瞻性的思維去進行相關的準備，像是：買房結婚。

對首次買房的年輕人在購房時要先考慮財務上的承受能力，然後要考慮地段與交通的便利性，最後再考慮房屋的品質問題。選擇能夠節省上下班時間和交通成本的小宅，一方面現在夠用，另一方面將來出租或出售時也更容易脫手。除此之外，買房時除了考慮頭期款之外，還要考慮買之後隨之而來的裝修費用、傢俱家電、各項稅費的支出。

中年換屋：買房置業升級，便利更重要

這也是人生真正開始質變的第三個階段：生錢階段，到了生錢階段，一定要有屬於自己的資產，或者投資渠道，並且能對可能出現的財務增長和風險，有一定的確定性和承受力。

中年人由於家庭已處於成長階段，子女已就學但還沒有就業，而且支出隨著家庭成員數的固定而趨於穩定，可積累的淨資產也正在逐年增加。

建議此類購房者進行買房置業升級（換屋）時，**首先要考量位置與交通的便利性，著眼於房產的增值性**，然後再考慮房屋的品質，最

後才考慮財務上的承受能力。到了這個階段，不是享受的時候，而是人生財富之路開始踩油門的時候。

老年退休：安享人生，置業首選房屋品質

為追求更高居住與生活質量而準備再次置業的老年人具有以下特點：

家庭處於成熟階段，子女已經就業；財務狀況最好，可積累的淨資產將達到最高點，而且支出隨著家庭成員數的出外而下降，此時是**儲蓄退休金的黃金時期**。

建議此類購房者進行置業升級，首先需要考慮房屋的居住和生活品質，像是房子的結構安全性，例如最好買 921 之後依新法規設計施工的房子，以確保居住的安全性。另外，居住位置最好坐落在公園、醫院等設施的周邊地區，**這個階段講求的是生活的舒適性與便利性，房子也不需要太大，只要夠住就好，也省掉打掃的麻煩。**

全省各地的房價自 2020 年開始，也出現了持續性的暴漲，政府因此祭出了一連串的打炒房措施，於是，一個很現實的選擇擺在所有人眼前：這時候是先租房，等待房市的低點到來再去買房？

1.**真正的底部，只屬於少數人。** 房市也像股市，就算你看到了底部，但是真正能抄到底的永遠只有少數人，大多數人能做到的就是**選擇相對底部。**

如何判斷是否已經到達階段的底部呢？ 20% 應該是一個底線，因為一般買房首付 20% ～ 30%，如果降幅超過 20%，放棄繳房貸的人肯

定就會急劇增加，這種情形可能是崩盤的徵兆。

2. **沒有完美的房子，適合的就是最好**。很多人購房的時候，並不是錢夠不夠的問題，而是千挑萬選的在幾個房子之間徘徊，地段不夠中心、學區不夠好、戶型採光差、樓層不理想等等，事實上，沒有完美的房子，選房的時候，只要適合自己的就是最好的。或者說就算有完美的房子，那一定也很貴很貴，一套房子滿意度達到 70% 就足夠了，完美的房子唯一的缺憾就是貴，十全十美的房子估計也會看不上你，因為未必買得起。

3. **選擇機會多了，不能只盯著價格看**。房市下跌的時候，往往是買方市場，買房的人會有比較多的房子種類可供選擇，這個時候千萬不要只盯著價格看，比如要求價格要降到某個價位才會考慮等等，因為一般如果不是業主急需用錢，或者房子可能有某方面的缺點，業主的心理價格不可能有太大浮動。選擇多的時候，應該更加關注房子的品質、配套、樓層採光等關乎自己生活品質的方面，讓自己挑個住起來更舒服的房子。

4. **量力而行，逢低入市才是最好時機**。市場低迷的時候，往往一些投資客就會拋售，因此，對於很多購房者來說，絕對是入市機會點：對於剛需來說，房子種類、數量都更充足了、買房成本卻降低了，是上車（買房）的好時機；對於改善換房而言，意味著以更低的代價，換更大的面積或更好的學區（**如果是房價上升階段，往往好房子漲的更快，改善換房往往需要付出更高的資金成本**）；對於買房的人來說，市場低迷期，你的議價能力往往是最強的，最容易「淘」得到稱心如意的好房子。

1.3 建商 VS. 建案——
買房防踩雷,黑白僅一線之隔⋯⋯

正所謂「人心難測」,我們該如何看穿對方的心思?尤其是在動輒一確定就是幾百萬的房地產交易上⋯⋯!

　　買房時如何避免踩到地雷:要避開怎麼樣的建案?怎麼辨認好、壞建商?畢竟這不像上市場買菜,或逛超市買生活日用品,畢竟一撒就是一大筆錢,所以買房時真的要小心,**你要擔心的不只是建商,還要擔心承包工程的營造廠**。建商可能因政府的調控而週轉不靈,或因興建成本上漲而入不敷出;承包工程的營造廠也可能面臨類似的問題,一來是受到建商財務週轉不靈所波及,一來則是自己沒抓緊預算,或因成本上漲而造成入不敷出,上述情況衍生的後果都很嚴重,建商出問題可能導致爛尾樓或法拍,而營造廠出問題,後續的未完工程,建商也不一定能夠處理。所以出問題的來源可能來自上述兩者之一,甚至同時發生。

　　現在營造成本高漲,**很多賣得早的建案,到了要發包時才發現成本高漲,不但吞噬原本預估的利潤,還有可能造成虧損;有些則面臨找不到營造廠施工的困境**,結果不是拖延開工,已經做一半的則有可能因成本問題,做不下去,變成爛尾樓,或是變更(降低)興建規格(偷工減料),對參與改建的地主、購房的消費者,這是很大的風險。

市場上現在就有不少建案在找人接盤，但是一些比較有能力或具規模的建商，卻因自己的工作量滿載，不見得有能耐或興趣去承接。

哪種建案要避而遠之？

畢竟一切都尚未成形，所以在買預售屋時，真的要格外小心。筆者建議以下幾個觀察重點，請大家在看房交易時，確實執行：

1. 公司資本額、推案完工實績

一個建案動輒耗費數億元以上，倘若一家建設公司資本只有幾千萬元，甚至幾百萬元，除了別有居心、規避責任外，也有可能因為資金不足，衍生週轉不靈，使得建案興建中輟。

推案完工實績太少則表明建商的專業經驗可能不足，面對當前環境的應變能力不夠，因此經驗不足的建商在履約能力上，明顯比不上經驗較多的建商。所以**公司資本太小、推案完工實績太少的新建商預售案**，記得請少碰。

2. 建商（建案）的往來銀行

建案的完成需要大量的資金投入，因此除了建商的自有資金外，更需要銀行借貸的大量資金挹注，而銀行本質上是靠賺存放款間的利差來獲利，因此一旦建案出現問題，銀行就會蒙受損失，因此，銀行在放款的核貸上是相當保守的，民眾不妨以建案的往來銀行做為評估建案風險程度的參考。

一般而言，建商在選擇貸款銀行時，大多會以大型「一線銀行為優先」，而同樣的，一線銀行在選擇貸放對象時、也是以優質的一線建商、建案為優先，因此就形成了彼此間的相對應匹配，這樣的借貸組合，風險較低；第二等級的建商，因為未能取得第一線銀行青睞，因此只能轉向二線的銀行尋求貸款，因為二線銀行的資金成本較高，而二線建商的風險則較高，所以銀行向建商收取的利息費用較高、綁約的條件也比較多，這是建商和銀行間的第二輪匹配。

　　第三線的建商、建案，則因未能取得銀行的融資貸款，而轉向銀行體系外的租賃公司尋求奧援，此種貸款利率更高（通常在6%以上）、風險也較高，這是第三輪的匹配。以當前市場狀況來看，**最容易出現履約不順，甚至淪為法拍的情形以第三類最多，第二類次之，而第一類則相當少見。**

3. 建案銷售率

　　此點對資歷不夠深的建商所推的建案更是特別重要，因為銀行對這類的建商通常在放款上會更加謹慎，因此在核定放貸條件時，經常會綁定銷售率成數，亦即根據建案的銷售率做階段撥款，因此銷售率低的建案往往動工較慢，更甚者，甚至無法啟動。

4. 建案的資金控管方式

　　隨著市場資金日益吃緊，預售案的風險其實也在不斷提升，因此預售屋的購屋人有必要了解建商在建案的資金管控方式，像好的建商是不會挪用購屋人所繳納的購屋款的。

以品嘉公司為例，公司會將建案所需的全部資金籌足，存放在貸款銀行的約定專戶內專款專用，而所有購屋客戶所繳納的購屋款項則存在預付款專戶內，其中任何款項的動支皆先經第三方的建築經理公司核實後，才通知銀行撥付，在這種運作方式下，可以確保建案的完成毫無疑慮，既不會資金不足，也不會有購屋款項遭建商挪用的疑慮，不論貸款銀行或購屋客戶的權利都能獲得最大的保障，也確保了建案必定可以完成。

如何辨識建商的好與壞？

　　最近有很多網友在網上 PO 文，表示因錯買了不良建商的房子，不僅造成生活上的不便，還受盡委屈。房子品質上存在著不少瑕疵，像水管、馬桶排水不順暢、有異味、甚至有些會房子才剛屋就出現房屋嚴重滲水，通知建商修理，建商卻多方推諉，遲遲不願修復，令他非常挫敗，花了好多錢再加上往後數十年背負的房貸，想來就憤憤不平，的確，**好房子住起來，身心健康、生活美滿，爛房子住起來受盡折磨、日日痛苦**，為什麼會這樣呢？好壞建商蓋的房子差別在那裡？要如何去辨認呢？說穿了，建商的好壞差別就在於：

　　1.大瑕疵：**好建商的建案出現重大瑕疵的機率不高，這一部分反應的是建商的專業能力、系統管理能力和經營理念**。壞建商蓋出來的房子經常是百病叢生，大小瑕疵一堆，修不勝修，嚴重的甚至影響結構安全。

　　2.小瑕疵：縱然有瑕疵，好建商不會推諉、逃避，會勇於負責及

改正；壞建商則能推就推，極盡推諉之能事。

3.售後服務：**好建商會願意對自己的產品負責到底，抱持永續經營的態度。** 除了保固期的保固修復外，在過了保固期之後，依舊提供維修服務；儘管有時是有償的，但收費也會合情合理。而壞建商在保固期後，幾乎均採不理不睬的態度。

如何辨識好壞建商？

1.資本額。一個建案動輒耗費數億元以上，倘若一建設公司資本只有幾千萬元，甚至幾百萬元，除了別有居心、規避責任外，也可能因為資金不足，衍生週轉不靈，那麼它所擔負的財務風險就可想而知了。

2.完工實績。房地產是個充滿眉 角的行業，當中很多細節，沒有實際經歷過是很難體會的，完工實績代表了廠商的實務運作經驗。

3.使用的建材。留意建案使用的建材，未必要是最貴的，但一定要是品質安全可靠的，倘若連建材都來路不明或都挑便宜的，那麼品質是不會有保障的。

除了以上所列的之外，還有一個容易被大家疏忽的是**建築物的基本構材**，也就是鋼筋和混凝土材料，這一部分就好比人體的骨頭，平常包覆在內，從外觀上看不到，在年輕的時候，也不容易看出好骨胳和壞骨胳的差異，但到了年紀漸長，好壞骨胳的差別就會顯現出來，像，好的骨胳依舊可以帶你上山下海，壞的骨胳則經不起上下樓梯，甚至讓你不良於行，這時候才是好壞骨胳真正見真章的的時候。

好的預拌混凝土廠生產的混凝土材料結構紮實、強度高，若再加好（營造廠商）的嚴格品管（包括澆灌過程中不加水），雖然其成本高於一般其他泛泛的預拌混凝土廠商，但不論強耐度、結構上的完整度都是遠遠超越的，也只有**真正專業的營造廠才會願意花費較高的單價去購買更優質的產品**。

4. 營造廠規模、人力調配和組織運作。有些營造廠規模小、人力少，甚至是靠對外借牌照來承攬興建工作，這種施工廠商的施作能力、品質當然都有疑慮。

由於是借牌，被借牌的廠商並不是真正施工的廠商，因此自然也不會去擔負保固及售後服務的工作。台灣幾次大地震倒塌倒的大樓，大多是由借牌營造廠所完成，這就是此類施工瑕疵的例證。

注重商譽、品牌形象，基本上就是好建商

品牌建商會注重自己的商譽、信用，但**未必是上市櫃建商或大建商**。一般而言，很多建商看來規模很大、營業額很高，但並不是因為它們的房子蓋的很好，多半是因為它們賣的房價相對便宜，**在台灣，「便宜貨永遠有市場、有追隨者」**，這是台灣普遍的窮人心態。

為了確保品質，大多數的品牌建商都會建立自己的施工團隊，也就是擁有自己的營造廠。好建商會堅持顧好品質，品質上縱使出了小瑕疵，也會勇於認錯，盡快負責修復，落實公司的經營理念，並付諸實際作為，不是只於嘴巴講。我必須承認，當前好建商的比例確實不高，但絕不是沒有，而且會與時俱增，比例會逐漸增加，但**壞（無良）建商將永遠存在，不會消失**，淘汰了一批，又會迎來新的一批，生生不息，就像蝗蟲很難徹底消滅。

房價 VS. 房市

　　錯過買房是戰略失誤，是對房地產認知出現了偏差，**買錯房是戰術錯誤**，是對房地產專業認識不足。相對於買錯房的損失，錯過買房才是最大的損失，畢竟一次的買錯會被其他房產的增值給攤平，錯過就是徹底的損失。

　　如果你是希望透過我的文章，看到什麼房價暴跌，房市崩盤，以便可以在精神層面帶來快樂、刺激、滿足，甚至爽快的話，那就不用往下看了，真的，那種文章看的舒服，罵得快樂，語言極端，還能提供幻想，俗話說的就是「洗腦效果好」，但是對現實是沒有任何幫助，甚至是資訊垃圾，和垃圾食品一樣，喜歡吃的人不少，味道好，沒營養，還有害身體。

關於房價

　　有一句話是這麼說的：「窮人的小錢難賺但大錢非常好騙，因為只需用個幻想和故事就能讓窮人長期赤貧；富人的小錢好賺但大錢非常難騙，因為富人為了保護自己的財富，隨時都在預做準備。」以房價和房市為例，不管房地產這個行業是不是隨著時代變化，總是有人永遠買不起、買不到自己想要的房子。

活在自己的世界裡面，固執地用自己的身家財富去檢驗自己的看法，是最愚蠢可悲的人。用自己錯誤的認知去和世界對抗，都是粉身碎骨的宿命。2021 年房價普漲交易熱絡，2022 年房市忽然急凍，冰火兩重天。當前的狀況，對建商或是有買房打算的群體而言，一定是很迷茫很難受的，在一個「不是順風順水，撲朔迷離」的環境裡面，對於後續房市和房價的認知和理解，就顯得尤為關鍵。

經濟成長必然伴隨通貨膨脹，房價必然跟著上漲，從長週期的實證經驗來看，全球各地的房地產增值性都是跑贏通貨膨脹。因為房價過高，促使政府加大打炒房措施，也使得房價的上漲回歸理性，僅能反應成本的提升，不再享有暴利，因此，若從投資獲利的角度來看，房產投資已不再享有絕對的優勢，但對剛需族，像是首購及換屋族群，畢竟，擁有符合自己需求的好房子是人生的幸福表徵，是安定的泉源，其意義不止是家庭財富，也是心理安定的基石。

希望大家看完了這一章的內容後，對於該不該買房，至少心裡有底見，不會驚慌，這就是我最大的期盼。

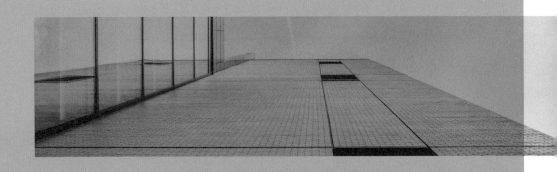

2.1 少子老齡化──

台灣房市首要危機？未來房價怎麼走？

國發會推估台灣將在 3 年後，2025 年老年人口占比超過 2 成，正式進入超高齡社會。

入市的時機點何在？

內政部甫公布了 2021 年的台灣人口統計，人口數為 2,337 萬 5,314 人，比 2020 年的 2,356 萬 1,236 人，減少 18 萬 5,922 人，全年出生數為 15 萬 3,820 人，死亡人數為 18 萬 3,732 人，出生數比死亡數少了 29,912 人，是連續 2 年出生人數低於死亡人數，呈現負成長，國發會推估 2022 年總生育率降到 0.89 人，創歷史新低。預估出生數約 13 到 14 萬人，較去年減少 1 ～ 2 萬人。而且 15 歲至 64 歲工作年齡，人口紅利也將在 2028 年結束，總人口佔比將低於 2/3，代表充沛勞力不再，社會經濟負擔加重。

一方面是人口不斷減少、老化；另一方面，房價不僅居高不下，還不斷推升，在這樣的情勢下，很多人不免困惑，在這樣的情況下，未來的房價會怎麼樣演變呢？現在買房會套在高崗上嗎？

人口遞減的家戶數減少＜每戶人口數減少導致的家戶數增加

依國發會的研究報告估算，民國 150 年台灣人口數將降為 17.1 ～ 19.5 百萬人，約為 105 年之 72.5% ～ 82.8%，亦即**每年的平均人口減少數約為 0.7%**。且自民國 **125 年起才會出現較顯著的人口遞減現象**，但縱使採用低推估的 72.5% 計算，也只是每年減少（～ 16 萬人）的規模，亦即每年減少約 6.4 萬戶（每戶以 2.5 人計）的住宅需求。以雙北為例，平均每年減少 4.5 萬人（1.8 萬戶）。

再從家戶及每戶人口數來看，根據統計資料，台灣當前全國戶籍戶數逐年增加，由民國 99 年底 793 萬 7,024 戶，截至 110 年 6 月底止，戶數更再增加到 8,965,343 戶，11 年來增 100 萬戶（每年約 9.3 萬戶），增幅達 11.3%，**每年增幅約 1.03%，大於人口減少比例最大時的 0.7% 比例**，亦即房屋的需求量仍將呈正數的增加，而房屋需求坪數則將變小。統計數字也顯示，**單身族爆多，當前每戶平均人口數僅 2.59 人，已創歷史新低**（參見表 2-1-1）。平均每戶的人口數量減少，也會帶來居住型態的改變，反映著家戶型態的樣貌改變，亦即**房屋的需求量在增加，房屋需求坪數變小的房市新趨勢**。

房屋老化速度很嚇人，這才是關鍵

根據內政部統計通報最新發布，2011 年年底，屋齡 20 年以內的住宅占比約 43%，但到了 2021 年底已跌破 24%，至於 40 年以上老屋占比，則從 12% 拉高至近 32%，10 年來大增近 20%。

內政部公布 2022 年第 2 季我國房屋稅籍住宅類數量為 901 萬 7,069 宅，較 2021 年同期增加 10 萬 4,428 宅、增幅 1.17%，其中，超過 7

表 2-1-1 全台人口數 - 戶籍數 - 戶量統計表　　單位：戶 / 人 / %

西元（年）	人口數（人）	人口數成長率	戶量（人 / 戶）	戶籍數（戶）	戶籍數成長率
2003	22,604,550		3.21	7,047,168	
2004	22,689,122	0.37%	3.16	7,179,943	1.88%
2005	22,770,383	0.36%	3.12	7,292,879	1.57%
2006	22,876,527	0.47%	3.09	7,394,758	1.40%
2007	22,958,360	0.36%	3.06	7,512,449	1.59%
2008	23,037,031	0.34%	3.01	7,655,772	1.91%
2009	23,119,772	0.36%	2.96	7,805,834	1.96%
2010	23,162,123	0.18%	2.92	7,937,024	1.68%
2011	23,224,912	0.27%	2.88	8,057,761	1.52%
2012	23,315,822	0.39%	2.85	8,186,432	1.60%
2013	23,373,517	0.25%	2.82	8,286,260	1.22%
2014	23,433,753	0.26%	2.8	8,382,699	1.16%
2015	23,492,074	0.25%	2.77	8,468,978	1.03%
2016	23,539,816	0.20%	2.75	8,561,383	1.09%
2017	23,571,227	0.13%	2.73	8,649,000	1.02%
2018	23,588,932	0.08%	2.7	8,734,477	0.99%
2019	23,603,121	0.06%	2.67	8,832,745	1.13%
2020	23,561,236	-0.18%	2.64	8,933,814	1.14%
2021	23,375,314	-0.79%	2.6	9,006,580	0.81%
2021 對照 2004	686,192	-1.16%	-0.56	1,826,637	25.44%

資料來源：內政部統計資訊網

製表：品嘉建設

成集中於 6 都，以新北市 167 萬 2,753 宅、占整體的 18.55％最多、高雄市 110 萬 428 宅占 12.20％居次、台中市 108 萬 1978 宅占 12.00％居第 3。另外，**全國住宅屋齡中位數為 30.6 年**，屋齡 20 年以下建物以桃園市 34.25％最高，**屋齡超過 40 年建物，以台北市 47.51％最多**。

　　根據該統計報告，去年年底全國房屋稅籍住宅屋齡中位數首度突破 30 年，對比 2011 年年底約 24 年，這 10 年來屋齡中位數老了將近 6 年。

1. 老屋眾多的歷史背景……

　　1970 年代，因兩波石油危機引發通膨，加上戰後嬰兒潮開始成家，以及北漂就學、就業的剛性購屋需求，帶動前所未有房屋供給潮，加上預售制度帶來的購屋熱潮，可謂台灣前所未有的房地產投資高峰，而當時大量供給的新屋，經過四十年歲月已成為高齡住宅，但**因老屋改建速度緩慢，導致全省老屋占比居高不下**。

　　這些高齡住宅多為集合式住宅，包括：透天、公寓及大樓，因為產權分散，重建、整修難度不低，這些早期的房子都不耐震，也加深公共安全的隱憂，如果再考慮超高齡社會的困境，像老年人爬樓梯不方便的問題，則推動都更、危老的急迫性更高，**以目前市場化、佛系推動方式，恐怕會因重建時間越長，導致老屋包袱愈來愈重**。

2. 新屋供需不足，且緩不濟急

　　雖然目前新屋**每年平均以十萬宅的新增供給量進入房市**，但仍無法有效稀釋老屋在全國住宅存量的占比，導致老屋占比有越來越高，

亦即老屋拆除重建的數量遠遠不及住宅邁入高齡的速度。

若把不堪用的屋齡標準拉到 50 年以上，以內政部 109 年的數據為例，那麼全台現存屋齡 **50 年以上的佔比在 9.60%（85 萬棟）**，**40 年以上的老屋佔比提升 19.3%（197 萬棟）**。對比現在的改建狀況，亦即當前每年有 8.5 萬棟（85 萬棟 /10 年）達到不堪使用，再 8 年甚至達到每年 19.7 萬棟，遠遠超過當前台灣每年的新成屋數量，亦即，**除非大家繼續住「已經超過堪用年限的陳年老屋」，否則「老屋更新速度根本遠遠趕不上房屋老化速度」**。要改變這種情況，除非都更危老改建推動的「非常」順利成功。

但現實上，老屋要大量改建會很困難，一方面是**改建的成本**（包括營造成本、整合成本和難度）**愈來愈高，改建的分回會愈來愈少**，因此，在新屋少於老屋的情況下，筆者預估至少在 **15 年內**，少子化、**老齡化對整體房市不會有負面影響**。（亦可參照本章第五節「透過房價脈動，預測房市趨勢」一文。

再以台北市為例，超過 40 年建物就有 47.51%，再過幾年，台北市的房子就有一半達到 50 歲以上的高齡，若沒有一些「外界環境的突變」，像法規改變、民心改變，你覺得台北市有機會「脫胎換骨」，由頹頹老城變成青春男女嗎？

3. 舊公寓換新電梯大樓，激出換屋需求

再從人口結構來看，台灣在 2018 年即已進入高齡社會，預估 2025 年台灣就會提早進入超高齡社會，65 歲老年人口的占比會超過 20%，等於每 5 個人裡就會有 1 位是 65 歲以上的老人，也意味著將會

有大量舊公寓換新電梯大樓的換屋自住需求出現。

4. 新移民減緩少子、高齡化的負面影響

因應少子化所帶來的人口紅利消失和老齡化影響，政府正在調整移民政策，藉著引進外來移民來減緩少子化、老齡化的不利影響，隨著移民的引進，或許當前的人力缺口也將獲得少許抒解，但不可避免的也將進一步惡化當前新屋不足的情況。

房子的興建成本和土地價格，不斷攀升

除了興建房子的原物料成本不斷攀升而且難見回頭外，由於可用以改建的土地資源日漸稀少，也使得地價很難回落，除此之外，還有大家可能輕忽的一些間接成本，像是開工前的鑑定、各類專業技師簽證、財務（利息）費用也都大幅增加，所以期待房價要大幅下跌會是不切實際的幻想。

隨著房價已高，很難繼續再往上飆漲，筆者大膽推斷，2010 年房市狀況恐將再現。而在成本上漲的帶動下，全省房價普遍跟漲，但今年年初開始，房市交易開始出現疲態，尤其平均房價飆破每坪 100 萬的台北市，交易更見冷清，因此， 2010 ～ 2015 年間**「房價繼續攀升但交易量大幅萎縮」**的情景可能又將在近期重現。

少子、高齡化恐將造成台灣房市危機？

在政府嚴打炒房下，2020 年房市重新走向復甦、繁榮的房市週期受到了干擾，但需求仍在，房價過高帶來了房市觀望的氛圍，惟危機中有風險也有機會，對剛需（首購和換屋）族而言，**「只要買對」，這個時候反而會是往後進場的好機會。**

房市兩極化的**趨勢**，使得好房子愈稀缺，而不優質的房子將無人青睞，但是也不是說少子化、老齡化造成的房市危機不會發生，而是不優的房子會首當其衝，淪落為沒人要的棄屋。房市走向兩極化已是必然的**趨勢**，大城市的優質好宅的需求強勁，因此，價格堅挺，很難有下跌空間；而小城市、大城市偏郊地區、鄉鎮的房宅將無人青睞，有行無市，此已有日本房地產市場的現況可以參照。

若少子化、老齡化比例的**趨勢**不改變，有效房屋的需求一定會減少，這是無庸置疑的，問題是台灣現存的房子中，有太多是不宜 居住宅加上城市分化的結果，結果必然是城市的房子，尤其「宜居好宅」將愈來愈稀缺。

未來房價如何走，相信大家在了解了一些客觀事實後，心中會有定見。

2.2 房市已然分化，普漲、普跌不再……

首先，我要告訴讀者，看房地產要學會看本質，否則一定會被各種不同的論點、數據搞得滿頭霧水，無所適從。

房地產市場的分化

感嘆台灣的大多數所謂「學者專家」真的只是浪得虛名，有些只是一昧套用自己過去學來的一招半式，就縱橫房產市場，數十年下來不見進步，也沒有意識到時代早已變了，現在的環境和過去早已不同。

首先，不妨來談談現在市場的分化問題。當今市場的分化已經非常明顯，房市已經分化，不同地區間因人口流入流出、產業聚落的不同，不再普漲、普跌。另一方面，縱若同一區域，也會在預售屋、新成屋、中古屋間有所不同，這些都會影響個別房市的發展，一刀切的用平均數去做市場推斷，既不科學，也不實際，反而會誤導了民眾的判斷，造成錯買（買在不對的時機、買到不對的房子）。

房價為何會上漲？

先說房價上漲這件事，房價之所以上漲，是因為有人對房屋有需求，願意在一定房價下接手買屋，也因此形成了房價的行情（市場價格），所以在沒有產業聚落和人口流出的區域，房產的需求不大，甚

至過剩；在這樣的區域裡的房子只能做居住使用，不要說增值，連保值都有問題，房子只是消耗品，隨著時間愈來愈不值錢。

反之，大（核心）城市中核心區域的房產，有產業支撐、人口流入，提供了充分的就業機會和較高的薪資待遇，因此會不斷的吸引外來人口流入，又因具有稀缺性，自然成為眾人追逐的標的物，這樣的房產除了保值外，也具增值性，房產不僅是消費品，更是金融商品。好的房產其價值不僅能與時俱增，抵抗通膨（保值性），還能戰勝通膨（增值性）。

有人說投資大城市的房產，就是投資這一個城市的股票，核心地區的房產更是反映了該區域的學區、地段、交通、配套、生活品質（房屋價值的五個核心要素）。總之，有需求又具稀缺性的房子，永遠是最佳選擇。

預售屋、新成屋、中古屋房價也開始分化

除了區域的分化外，新規格的預售屋、新成屋、中古屋房價也開始分化。

為什麼有這種分化呢？因為 2021 年起開始動工的建案都受到營造成本上漲的影響，上漲的幅度達到每坪 5 ～ 8 萬元之多，佔原來營造成本的 35% ～ 45%，漲幅相當驚人，尤其對合建及以合建方式進行危老、都更案件，影響更大。

從主、客觀的因素來看，在未來，這一類型的房子跌價空間非常有限。

除了危老及都更必須以提升建築規格來換取容積獎勵外，2021年後興建的建築物因為受到營造成本大漲的不利影響，為了保持市場競爭力，有些廠商也會透過提升建築規格的方式來塑造產品的差異化，像是提升耐震力、智慧化、綠建築、隔音減噪、無障礙設施、建材規格等，這些方式都有助於進一步的提升建築的居住安全性、宜居性和舒適性。這種新規格的建築特色也將有別於傳統一般規格的建築物，形成另一類建築規格的分化。

圖 2-2-1 近年來建物登記變化

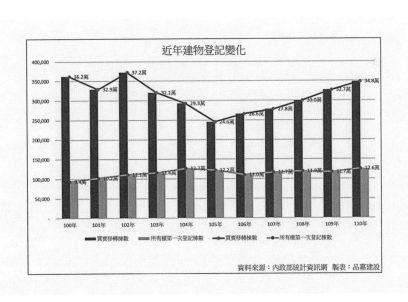

資料來源：內政部統計資訊網　製表：品嘉建設

根據統計資料，近 10 年來新屋每年的供應數量幾乎很平穩的維持在 10 萬左右，稱得上「供給固化」，但我國每年移轉交易的數量，則上上下下起伏不定。筆者估計，在新建造規格升級的催化下，縱然整體需求減少，但新屋需求卻未必減少，新屋占比反將日漸提高；而中古屋，尤其是老舊公寓價格將日趨下跌，這也將是房市、房價分化的結果（參見圖 2-2-1）。

房價 VS. 房市

2.3 從房價所得比看台灣的高房價，還能撐多久？

2021 年縱在政府嚴打炒房下，房市交易依然熱絡，房價上漲；2022 年在全球央行齊力壓制通膨下，房市交易量大跌，房價則呈現撲朔迷離的氛圍。

疫情後，全台房價所得比全部增加

一開始請容我先破題，在疫情後，全台房價所得比都增加了。

根據官方統計 111 年第 2 季的房價所得比資料，比較疫情前後的房價所得比，2019 年第 4 季全國的房價所得比為 8.58 倍，疫情後則增加 13%，2022 年第 2 季為 9.69 倍，其中**增幅最大的幾乎都出現在南台灣，「南高屏」房價所得比較 2019 第 4 季增加 29% ～ 31%**，統計國內各城市的房價所得比變化，疫情前後增加最多的是高雄市，房價所得比從 2019 年第 4 季疫前的 7.11 倍，增加至 9.34 倍，增幅達 31%。

而南高屏地區房價基期低，上漲空間相對大。只是為什麼會有這種現象呢？探究之下不難發現這些都是疫情下缺工缺料惹的禍，雖然各地區營建成本在上漲後的單價相差不大，但南高屏地區因房價基期較低，所以上漲的比例相對的就比較大。

房價所得（收入）比，是什麼？

房價所得（收入）比到底是什麼東西？簡單來說，房價所得比就是房屋總價與居民家庭平均年收入的比值。房價所得（收入）比是一個國際通用的衡量指標。房價所得比愈高表示買房的難度愈大，台北市的房價收入比最高，也就是說如果想在台北市買房，理論上需要不吃不喝 16 年才能買得起房子。

可是現實中，那個買房的會真的等上 16 年才去買房？這就是理論與現實的差距。因為我們學會了一個叫「槓桿」的東西，沒有人會真的等到把錢存夠了才去買，而且**如果考量房價增長和收入增長幅度，可能會愈等買房希望愈渺茫**。很多人也就是因為這樣的心態，所以大家都喜歡追漲房價。

現實來看，買房真的對大多數普通家庭的確是一件難事，而且越來越難。那房價所得（收入）比是不是就沒用了？

國內房價所得比顯示，台灣房價確實不低

在美國和北歐，房價所得比一般保持在 2 ～ 3 之間；其他西歐國家房價所得比常年維持在 3 ～ 4 之間；國際上認定的合理標準則是 4 ～ 6 之間。每個國家有每個國家的國情，每個國家有每個國家的作法。世界銀行提出發達國家正常的房價所得比一般在 1.8 ～ 5.5 之間，而發展中國家合理的房價所得比則在 3 ～ 6 之間，比值越大，說明居民家庭對住房的支付能力越低。如果按照公佈的國內房價所得比來看，台灣房價高的程度的確驚人。而 2003 年那一波的房價上漲，大幅拉升了

台灣的房價所得比，2021 年的興建成本上漲則進一步推高房價。

雙北市近 20 年的房價所得比變化，**2002 年台北縣平均維持在 6.15 倍，台北市則維持在 6.01 倍，全國平均為 4.38 倍**。反觀 2018 年台北市已經加重到 16.17 倍，新北市加重到 12.82 倍，台中市 11.14 倍，而全國則提高到 9.27 倍。也就是 **2003 年的這一波房價變化，快速的把有房的和沒房的，在財富上劃分成兩個世界。**

人民薪資凍漲，房價所得比攀升關鍵之一

根據歷年房價負擔能力統計資訊，十五年來家庭可支配所得中位數增幅不到兩成，但住宅中位數總價漲幅卻逾兩倍，相當於兩者差距在十五年間拉大了十倍，要靠薪資買房已是一個愈來愈艱鉅的事情。雙北市的貸款負擔率加重幅度更是令人咋舌，2002 年均維持在 30% 出頭，2022 年北市房貸負擔率超過 62.2%、新北市則超過 49%，顯見**房貸負擔已經侵蝕其他生活開銷，甚至收入的一半以上都是拿來付房貸。**

全球一線城市的房價所得比，都不低……

這些房價所得比過高的城市，意味著買房風險增大，存在著區域性的房價泡沫。房價所得比過高需要警惕，但如果就此判斷，這樣的城市不能買房，反倒是去一些房價所得比低的城市買房，那就更得不償失了。一線城市房價高那是對一般民眾算高，但是對綜合實力或者說對有錢人可能不高。

完全依賴房價所得比來決定要不要買房，是不合理的，就像台北市、新北市的房價的確很高，如果看房價所得比可能會覺得很危險，

反之，像嘉義、屏東、基隆這些偏遠城市房價收入比都不高（小於6），那是不是就鼓勵去買呢？顯然不是。

而且15歲至64歲工作年齡，人口紅利也將在2028年結束，總人口佔比將低於2／3，代表充沛勞力不再，社會經濟負擔加重。

房價所得比只是參考，與房市泡沫無關

有人說台北、新北市存有泡泡，這個我也同意，但是一般情況下，只要有人口源源不斷地流入進來，市場就不會出現大問題。反之，一些根本就沒有人口資源和產業支撐的城市，房價所得比再低，買房也毫無意義，除非你去自住。

所以，房價收入比不是說沒有用，它的意義在於告知這個城市的房價與普通百姓收入懸殊，需要關注：

但我們知道大城市的房價不是普通老百姓的收入決定的，它只是用來衡量普通家庭的購房負擔，如果還要看這個城市有沒有活力，還需要與租金回報率掛鈎。像大城市房價收入比高，意味著購房負擔重，如果租金水平也很低，那麼泡沫可能就比較大了。像上述嘉義、屏東、基隆這樣的不發達城市，房價收入比即使低，可是租賃市場二手房市場根本就沒形成，甚至沒有，也就是說房市有價無市，賣不出去也租不出去，這才是真的最有泡泡的地方。

「買房就賺」的示範效應，帶動全民炒房

房地產的最大問題是太多民眾炒房，而房地產最可怕的邏輯就是買房就賺。高房價不可怕，買到就賺才是最可怕的，這種示範效應會帶動全民炒房。房地合一基本上就是要消除民眾藉由炒作來獲利。

從社會層面來看，房地產只適合少部分人做長線投資，這不是特權，而是因為小範圍小群體的投資房產，不會影響大局，而對於大部分人來說資金不夠、專業不夠、認知不夠、門檻太高，這也是消滅全民炒房的土壤。

先說說高房價，大都會的房價是不可能讓大部分人都買得起，就算便宜到全國人民都買得起，也絕對買不到，畢竟，太多人搶買的結果就是把稀缺地區的房價重新推向高峰。市場是房產分配的一個相對公平的手段，而**高房價是在相對公平的平臺上競價的結果而已**。所以，與其抱怨高房價，不如想一想是我們的收入不夠，財富不夠。貨幣只是財富的憑證，房產才是財富的實體，有價值的房產依然是城市中產階層最優質的投資渠道。

我不支持高房價，更反對房地產繼續成為少數人逐利套利的場域，除了防止房價因炒作而不當上漲外，另一方面，**政府該如何讓居民收入增長上去，逐步消除高房價的負面作用也很重要**。房價所得比能作為衡量「房價合理回歸」的重要標尺，也是監控房地產市場變化的重要指標。

2.4 房價的秘密？

房價從來就不是一件簡單的事情，**有些名嘴沒念多少書，連最基本的市場供需原理都沒搞懂，卻假「居住正義」之名，憑空亂罵**，因此，這些譁眾取寵的「市場」永遠存在……

房價的組成因素

坊間總有一群名為學者的「偽專家」，這些人雖然多念了一些書，拿了博士學位，就「自以為」自己什麼都懂，是個專家。在他專研的領域，他或許算是個專家，但也僅限於他的那個小領域，如果把自己「想」大了，亂出主意，結果不僅無助於問題的解決，反而適得其反，搞壞了大局。

像過去的台北市想藉房屋稅來壓抑房價，就是一個典型的錯誤案例，高額的房屋稅打跑了開發商，也使老屋的屋主不敢改建，怕迎來巨額的房房屋稅賦，導致新建房屋數量大減（供應量減少），結果大家都知道，房價當然不可能因此下降，我只能說那真是荒謬絕頂的政策。

簡單的說，對新房子來講，房價＝土地費用＋興建費用（含直接的營造費用和間接費用的管理、稅捐等）＋銷管費用（銷售費用、行

政管理費用、利息費用）＋建商利潤。而到底是房價決定地價？還是地價決定房價？

基本上，興建費用比較固定，而建商的利潤則會和房市的景氣狀況有關，而當前的房價又影響了下一階段的土地價格。

1. 景氣大好時，建商根據市場需求訂定房價

很多建商常說，是因為地價的高漲才導致房價的上漲，但是真正的原因可能並非完全如此。一般而言，在景氣好的時候地價的高低並不是房價的決定因素，因為此時建商在訂定房價時，早已脫離成本的考量，不是依（成本＋利潤）來決定售價，而是根據市場上消費者對房價的承受能力來決定；因此在房市景氣好的時候建商會把房價愈訂愈高，直到民眾不能承受為止。此時市場上的整體房價會日趨走高，在這個過程中建商往往享有超額利潤，就像 2003 年到 2014 年的這一段歷程，建商在這個階段賺足了鈔票，也壯大了自己。

2. 大環境景氣欠佳時，地價影響房價的下修程度

反觀若處在房市不景氣的時候，這時候主客易位，需求方反而容易掌握談判的優勢地位，在供過於求的情況下，消費者的議價能力轉強，建商不僅不再享有超額利潤，反而僅能保本。但這個時候除非大多數的建商出現資金鏈斷裂的情形，否則只要房地產的原料（土地）價格下跌至相當程度，就會有其他建商進場接盤，而使地價不致於崩潰，這也是當前雖然交易量大跌，但新屋房價下修有限的原因，**房價下跌的只是建商的利潤空間**，地價和造價仍然決定了房價下修的底限。除非地價崩盤、房屋造價下修，否則期待房價大幅下跌是不切實際的。

3. 當前的房市狀況

2003 年以來，隨著房價飆漲，其實地價飆的更快、更狠，民眾搶房，建商搶地，在物以稀為貴的情況下，甚至出現了麵粉比麵包貴的情形，而地主們又資源相對豐厚，因而地價易漲難跌，依當前情勢來看，**在一般的建商購地銷售案中，地價才是影響房價的最關鍵因素；而一般的合建案（包括：危老、都更和一般的合建案），則興建費用和建商的分得比例則會影響房價**，尤其這兩年營造費用大漲，除了推高了房價，也降低了合建地主的分回比例。

以台北市為例，依當前的房價組成來看，地價佔了40（萬華、北投區）～65%（信義、大安區）；營造費用佔25～40%；建商利潤佔：8～15%；銷售費用佔：房屋底價之～5%；雜項費用（稅捐、利息、行政管理費用）佔：～7%。再以萬華區新房為例，房價65萬／坪，大概是：45%（地價，～29萬／坪）+32%（營造費用，21萬／坪）+7%（雜項費用：利息、行政管理費用，4.6萬／坪）+10%（利潤，6.5萬／坪）＋6%（銷售費用，3.9萬／坪）

最後以大安區新房為例，房價150萬／坪大概是：62%（地價，93萬／坪）+17%（營造費用，26萬／坪）+6%（雜項費用：行政管理費用、利息，9萬／坪）+9%（利潤，13.5／坪）＋6%（銷售費用，9萬／坪）

新北市的一些地區，像：新店、中和、永和、三重、板橋、新莊，房價和台北萬華區相若，營造費用會比北市稍低一些，每坪約低～3%，其餘費用略同。

當然也有些建商會設法區隔產品做差異化，以拉高利潤率，不過在現在這種房市狀況下，並不容易。

4. 建商如何設定房價

　　評價一套房子的好壞，離不開地段、區位、立面、樓層、朝向、面積、房型、品質、層高、裝修、物業、車位配比等等。

　　開發商在定價前，會針對以上的各個因素去瞭解用戶的價格接受底線，從而決定客層的定位。通常情況下，開發商會根據某些影響因素，找出一套房子設定基準為 1，例如某一層樓的某一戶，然後再用建案的各戶來和它做比較，比它優越的單價提升，比它差的單價於調降。再疊加影響房價的幾個硬指標：朝向、位置、樓層、邊間、棟距等，權衡後再據以定價。例如：

　　（1）樓層數：電梯高層通常由低向高逐漸趨貴，愈低層單價愈低，愈低樓房子較潮濕，隱私性也差些，所以價格會低一點，但一樓的房型因為帶有院子，單價會貴一些。一般樓層價差每層大多在 5,000 元～15,000 元。

　　（2）面積差異：一般大面積的房子單價相對便宜些，套房單價最高，2 房次之。

　　（3）朝向：一般朝南的較貴，客廳臥室都朝南的最貴。

　　（4）邊間：三面臨空且三面採光最貴，兩面臨空的次之。

　　此外，一個樓盤如果體量比較大，往往會分好幾期來開盤，為了

房價 VS. 房市

儘快回籠資金，首次開盤價格會偏低。這樣也可以給後期留一個漲價空間，因為人都有「買漲不買跌」的心理！樓盤快售完，還剩下不多套數時，俗稱尾盤，為了儘快結束行銷，往往公開的價格也會偏低。

算給你看，營建成本上漲後的房市影響？

為什麼在營建成本大漲後，房價不可能下跌？為什麼都更或危老改建後的地主分回會變少？

在這裡，我們用具體數據算給你看。

假設營建成本由原本的 14 萬／坪，上漲到 21 萬／坪，即每坪上漲 7 萬／坪。若以建商自行購地為例：此時，房產的成本漲了 7 萬／坪，建商會「調高售價 7 萬／坪」，以維持原本的利潤。

再者，以台北市的都更或危老案為例：

（1）調高售價，因應成本上漲。在營建成本上漲前，原地主和建商的分配比例已談妥，假設原來的分回條件是 60（原地主）：40（建商），即建商分回的每一坪建物，要負責建商分得的 1 坪和地主的 1.5 坪部分的成本，即建商的成本負擔增加為 17.5 萬／坪（7 萬／坪＊（1.5+1）。所以，**建商需調高售價 17.5 萬／坪，才能維持原本的利潤。**

（2）調整原地主和建商的分配比例。假設改建後的房屋售價不調整，那麼就得增加建商的分配比例和減少地主的分回，建商才能維持原本的利潤。再假設原本房屋售價 70 萬／坪，分配比例為 60:40，那

房價 VS. 房市

麼在營建成本調升7萬／坪之後，建商的成本負擔增加為17.5萬／坪，此時建商應增加分回：17.5／70=0.25坪，即建商分回調高為1+0.25＝1.25；而地主分回則調整為1.5-0.25＝1.25。也就是說，**雙方分配比例調整為50：50（1.25：1.25）**。

（3）現實的狀況：在營建成本上漲後，我預估應該會有以下三種情況：第一種情況是自購土地之建商，**房屋售價調高至少7萬／坪，以反應成本的上漲**。第二種情況是已談妥合配比率的改建案，建商若將成本完全反應，即調高售價（17.5萬／坪），但如此之做法，將導致喪失市場競爭力；反之，若不能反映成本，則將侵蝕原來的獲利狀況，甚至導致虧損。在此情況下，建商會努力和原地主協商，調整分配比例，若不成功，**則建商可能採「不履約」、「以拖待變」因應，而已施工的建案有可能因「虧損」或「現金流斷裂」，導致工程中輟，變成爛尾樓**。

最後一種情況則是由於地主分回比例大減，**建商和原地主達成改建合議的機率變小，改建困難度增加**。

營建成本上漲帶來的售價提升是必然的，因為前一波段的房地產景氣蕭條已經拉低了建商的報酬率和毛利率，2020年的復甦週期讓建商原本有調升報酬率的機會，卻又遭逢政府嚴打炒房措施，導致建商不僅無法調漲報酬率，甚至無法反應升高後的營建成本。

政府的打炒房措施要求建商在取得土地融資後18個月期限內動工，否則按比例收回貸款或升息，但目前不少縣市光核發建照就要耗掉很長的時日，有時甚至長達一年，因此政府的限期動工措施將造成

影響房市供應量的增加。

依六都危老改建的現況來看，普遍均出現核準後動工偏低的現象，這也反應了廠商「不履約」、「以拖待變」的現況（111 年 8 月 11 日），其中包括：台北市：危老核準 709 件，但卻只有 249 件申報開工；新北市：危老核準 441 件，只有 216 件申報開工；台中市：危老核準 416 件，只有 271 件申報開工。

而一些已經開工施工的改建案，若原 地主和建商就「調整分配比例」或「原地主補貼」不能達成共識，在建商無力承擔虧損又找不到人接手情況下，很可能就形成爛尾樓。

不盲從躁進，釐清房價的結構

說起房價當中的奧秘，確實有很多你我都必須知道的眉角 ......。例如以房換房也成為高價的房屋市場中，獲取房產的關鍵。畢竟房子，是人生的大事，每個都市的人，都想擁有屬於自己的房子，但很多事與願違。20 年前在台北市買一套房子，200 萬頭期款，需要 3 年奮鬥＋ 20 年的房奴生涯；20 年後，同樣的一套房子，要 500 萬頭期款，需要 7 年的奮鬥外加 30 年以上的房奴生涯。因此，**以房換房，也成為高價的房屋市場中，獲取房產的關鍵。透過這種方式，屋主可以以小換大、由遠換近，逐漸換得適合自己的宜居好宅，並且在各階段都能取得房產增值的利益。**

房子不僅僅是做為居住之用，還有更多的其他屬性，像是金融屬

性。富豪不缺房子，不缺房子的人，基本上是感覺不到房子的重要性的。房價除了受市場競爭、供需、政策這些外部因素外，房型、社區環境、樓層位置、成本、淨利潤這些內部因素之外，還有很多「獨特」的外在因素。比如地段潛力、配套潛力、品牌價格、熱銷與否等也同樣的影響房價。

說直接點就是：**建案的定價是有很大的人為因素在內的，專案操盤人會賣「預期」、賣「形勢」、賣「炒作」。**

建案操盤人在操盤過程中，不斷利用規劃、輿論製造、熱銷製造加上階段供求不均，一輪接一輪的提高建案的價格。但是炒多了，遇到時機變化，泡沫快速被擠出，房價應聲而跌，市場急轉直下，並難以恢復元氣。最後階段進場的人，則最終被套牢。

年輕世代如何對抗高房價？

年輕人如何抵抗居高不下的房價？以下的這段話或許很刺耳，但卻很真切。在沒有炒房的正常房市狀況下，房價的趨勢就是表現了一個國家的國運趨勢，如果你覺得房價會跌，就默認看到國運走衰。回歸正題，年輕世代究竟該移居衛星都市還是死守大城市？

在小地方，資源大多集中在政府機關事業單位手上，市場、商業活動也比較少，**普通年輕人想有所突破，很難**；反觀，**在經濟發達的大城市**，經濟活力更強，人力資源需求更多，個人影響範圍雖然有限，**但留給普通年輕人的機會更多，相比於小城市可以賺更多錢**；但請記住：城市沒任何義務讓每個人留下，房價也不是應該所有人都買得起，優質城市的房產就是寶貴的，只有部分人買得起的，就好比名貴物品，

按經濟實力說話，與道德無關。

　　單看房屋的居住屬性，有房和租房都可以達到目的，只是大家更想成為獲利者，好東西、稀缺的，都想去擁有。沒有經濟實力，可以移去二、三線城市購房，甚至再往偏郊走，總會讓你擁有自己的房產。

　　最後，還是想鼓勵一下大家，到底該怎麼做才對？

　　躺平？抱歉，你躺不躺平，沒有人會關心，有的是人去追求，並不會因為你的躺平改變什麼，你有情緒、抱怨，都不會有任何效果；普通人在一線城市買得起房，有家庭經濟基礎支援、自我發展積累、運氣等；家裡沒錢就自己多去賺錢，自己賺不到哭也沒用，社會只講能力、不信眼淚和道德；運氣就是指當下，要知道，**一線城市房價的增長，是遠遠超過大多數年輕人的年薪增長速度**；因此，逆市操作，如果買得起，或許當下就是最好的時刻！

2.5 透過房價脈動，預測房市趨勢

影響房價的因素很多，隨便找一個指標畫一條曲線，就可以與過去的房價走勢做相關性分析，但是只憑這一個變量就可以預測未來房價走勢嗎？如果可以這樣預測的話，那發財豈不是太簡單了？

影響房價波動的二大關鍵

預測未來房價走勢一直是大眾關注的焦點，因為大部分的民眾都把自己的絕大部分積蓄配置在房地產上。事實上，許多坊間所謂的預測在邏輯上都不堪一擊，不是道聽塗說，就是套用過去，乃至於國外的經驗。但是房價牽涉因素錯綜複雜，不能僅從一個面相來反映其特徵，而且各影響因子間交互作用，影響著房價。例如：

1. 人口

影響房價最重要的因素其實就是人口，古往今來有許多實例可以當作證據。我接下來將以世界各國的情況來分析，更加彰顯其重要性。

房價與人口年齡結構、人口流動有明顯的相關性，像全台的人口不斷的往大都會區移動，大城市的優勢在於教育、醫療和文化娛樂等公共服務的資源，比中小城市優質且豐富得多，就業機會和薪酬待遇

等也優於中小城市，這就是全台各地人口不斷流向大城市的原因所在，不同城市中人口的流動（增減）造成不同城市中的房價出現分化。

　　單從人口少子化、老齡化角度看，台灣未來的房價看來是不樂觀的，因為老齡化意味著房地產總需求長期回落，也就是說，每過一年，離房地產的熊市就會近一年。但是**因為台灣房子老化的程度比少子化老齡化的問題更嚴重，所以人口的因素對房價反而變得不是那麼重要，反倒是老屋改建的成果對房價的影響才是舉足輕重。**

　　除了出生率降低和人口老化的趨勢外，由於台灣薪資水平的不成長，也逐漸造成台灣年輕人的外流（離開台灣）現象，這個因素也會影響人口的增減。

　　所以整體來看，以台灣各縣市人口增減數來看，整體的平均房價是和人口增減有關，像人口增加的台南、高雄、桃園、台中、新竹、和新北市，這十年的房價都呈現較大幅度的增長，其中桃園和新北市的人口增長更是和台北市的房價過高、已無可建素地所產生的外溢效益有關。總體來看，大台北地區仍將維持全台高價區（領頭羊）的地位於不墜。

2. 房屋數量

　　我個人始終認為，老屋改建是影響未來房價的最關鍵要素，因此，未來的房價走勢如何，其實和政府當前推動的都市更新和危老改建成果，息息相關。**老屋改建成功推動，不僅都會景觀將煥然一新，房價也有機會透過供給大增而逐步回落。**反之，若仍是零零落落，那麼台灣的都會區不僅將走向殘破景象，新屋則將因供給不足而使新屋房價

不僅居高不下（老舊房屋的房價逐日下跌已是必然的**趨勢**），甚至還會水漲船高。從短期來看，危老改建、都市更新不僅不能平抑房價，反而易因成本的考量助長房價，只有等到大批危老改建、都市更新大量完成後，才有可能因為供給的增加制約房價。

買、賣雙方的心戰攻防

　　房價除了和房地產市場的供應有關，也和市場上買賣雙方對房價的預期有關。當大家普遍看好房市時，房市會出現追漲風潮，大家爭先恐後惟恐買不到，房價就會蹭蹭而上、水漲船高，因為越來越多民眾想從中分得一杯羹，這時價格會隨著人群的增多而上漲。

　　反之，在政府利用各種財政、金融手段把投機客逐漸逐出市場之後，整個房地產市場呈現強弩之末之勢；若經濟情況不好，再加上媒體、名嘴的落井下石、全面追殺，更會使得整個市場呈現蕭瑟的景象。

1. 民眾對房市的預期心理

　　民眾預期房價下跌，生怕買貴，因而全面凍買，當人們普遍預期房地產的價格可能會下跌時，這時候投機者就會陷入恐慌，然後會盡可能地拋售持有物件。當人們越不看好，就會拋的愈多。拋的愈多，價格下降的越厲害，這個情況，就好比股市的「熊市」，最怕的是到了「無量下跌」。

2. 政府的相關配套政策

　　各種數據顯示，政府的政策變化對房價的短期影響最明顯。不少人認為央行調整基準利率對房價會帶來影響，從邏輯上看也確實如此，不少研究也發現，房地產政策對房價的影響十分明顯，這正是房價對政策導向的充分反應。而「利率相對水平」背後其實反映了政府的政策。

　　就像 2003 年那一波的房價上漲，到了 2014 年下半年起才開始止漲回跌，市場交易量大減，房價上漲之勢戛然而止， 2020 起房市又重回復甦，這一次政府堪稱超前部署，政府看出房市已經出現「房價上漲的預期」，因而啟動一連串的「打炒房」措施，像實價登陸 2.0、房地合一 2.0、連續幾波的選擇性信用管制，甚至更嚴厲的「預售屋禁止轉讓」措施，這些舉措截斷大部分投機客的資金來源，大幅減少炒房客獲利幅度，並逼使炒房客拋出部分房源；除此之外，政府的「打炒房」措施也限縮了開發商的資金融通，扼止了建商囤房、囤地的可能，間接逼迫建商在資金壓力下必須儘速去化持有的房屋，從而減少囤房、惜售及達到讓房價止漲、小漲的目的。不可否認，政府的「打炒房」措施徹底的翻轉了台灣的房地產市場。

　　隨著疫情下貨幣大放水，導致了嚴重的通貨膨脹，2022 年在美聯儲「緊縮銀根、暴力升息抗通脹」下，全球各地股市房市大受打擊，股市暴跌，從牛市步入熊市；房市亦然，**除交易量急凍外，台灣原本的房價上升之勢戛然而止，中古屋房價明顯下修，而預售屋房價在成本的制約下，雖難大幅下跌，但已出現「有價無市」的困境。**

房價 VS. 房市

3. 人民的收入結構

　　大家經常喜歡用房價收入比或房價租金比證明台灣（尤其是大台北地區）房價過高，但普遍忽視了居民可支配收入比低估的問題。由於居民可支配收入比低估，居民收入結構中的貧富差距可能比公開的數據更大，因此，在居民的資產配置方面，財富一定會向少數人集中，富裕階層擁有的房產數量往往超出大家預期。少數人擁有大量房屋，使得像大台北地區房屋供不應求，房價居高不下。

　　這二十幾年以來民眾收入的增長有限，是台灣今日經濟發展的最大憂慮，年輕人的收入連養活自己都有困難，市場太小、競爭太激烈，更使青年人不敢創業、冒險，紛紛躺平，開小咖啡廳成了年輕人追求的小確幸。

4. 產業結構變化，導致各地房價分化

　　房價不僅反映供求關係，同時也反映了購房者對房屋所在地的經濟發展前景和公共服務提升的預期，就像買股票就是買未來一樣，房價也是未來社會經濟環境與福利的貼現值。

　　台灣的產業結構已從早期的製造業轉向高科技及服務產業，做爲政治、經濟、和文化中心的台北幾乎囊括了大多數台灣本屬有限的資源，資源的過度集中，也造成人口的大量流入，並促使大台北地區房價的不斷攀升。

高科技產業的蓬勃發展先後帶動了新竹、台中、高雄、台南等地區的發展，房價近期紛紛調漲，其餘沒有產業和人口流入區域的房價，因為需求不足，則將難以看好。

5.房貸利率

　　只要房貸的利率不會漲到租金收益率小於房貸利率（台北 2.1％；其他區域 3.0％以上），民眾的購房意願就不會受到太大的影響，而依台灣當前的經濟情勢來看，雖然迄今央行政策利率自 6 月 17 日起已調升 1.5 碼（0.375 個百分點），重貼現率、擔保放款融通利率及短期融通利率，分別調整為年息 1.5％、1.875％ 及 3.75％，但衡酌當前的經濟狀況，房貸基準利率調升到 2.1％以上的機率應該不會太大。也就是房貸利率對民眾購屋意願的影響不致於太大。

2.6　影響房價的五大關鍵

> 台灣絕大多數城市的房價都「偏高」，尤其是民眾的房價收入（所得）比差異極大，近期統計的平均比值為 9.58，超過國際臨界點 6.0，最高的台北市更高達 16.22 倍……。

若不趁早買房，你只會愈來愈買不起 ……

持平而論，除了房價持續走高，另一方面，居民收入增幅卻遠遠追趕不上房價漲幅，像，以總價 1,000 萬的房子為例，每年上漲 3%，就是 30 萬元，若購房者每月有 5 萬元的薪資，每年調漲 10%，也不過才 6 萬元，遠遠跟不上房價的上漲速度。此外，**在絕大多數人的傳統認知裡，我國的房價「只漲不跌」，從中長期的角度來看，也確實如此。**

那麼， 2023 年還應該買房嗎？如果 2022、2023 年不買房，5 年後房子會更買不起嗎？我們不妨回頭檢視影響未來 5 年房價走勢的幾個因素：利率、預期、庫存、供求關係、營建成本等，從中找尋答案。而嚴格說來，要回答上述問題其實並不難，關鍵還是要摸透影響未來 5 年房價走勢的五大核心因素：利率、預期、庫存、供求關係、和營建成本。

1. 民眾對房價的預期心理

近期的調查顯示，民眾對房價的上漲預期確實已有改變，政府的的打炒房措施固然會對民眾的炒房產生扼阻，但大家也都知道這幾年興建成本大漲，所以大多不認為預售屋房價能有太多下修的可能。

而中古屋的房價，民眾則普遍看跌，而且跌幅只會愈來愈大，有老屋待售的民眾對此最好在心理上預做準備。

2. 房貸利率

只要房貸的利率不漲到租金收益率，亦即房貸利率小於（台北2.1％；其他區域3.0％以上），民眾的購房意願就不會受到太大的影響，而依台灣當前的經濟情勢來看，雖然今年（111年）央行政策利率自3月17日至9月22日已調升2碼（0.5個百分點），重貼現率、擔保放款融通利率及短期融通利率，分別調整為年息1.625％、2.0％及3.875％，但衡酌當前的經濟狀況，房貸基準利率調升到2.1％以上的機率應該不會太大，也就是房貸利率對民眾購屋意願的影響不致於太大。

3. 房市存量數

（1）每年的房屋增量。我國住宅數量從民國100年的814.3萬戶到民國110年的912.3萬戶（參見表2-6-1），平均年增量9.8萬戶。對照近10年的使用住宅總宅數，也同樣顯示，我們的每年住宅增長量相當穩定，大多維持在10萬戶左右，主要都來自每年的新建成屋（參見圖2-6-1、圖2-6-2）。

表 2-6-1 近年住宅存量彙整

時間	住宅存量	住宅存量年增數
95 年	753.2 萬	12.2 萬
96 年	766.0 萬	12.8 萬
97 年	776.8 萬	10.8 萬
98 年	783.9 萬	7.1 萬
99 年	807.4 萬	23.6 萬
100 年	814.3 萬	6.9 萬
101 年	823.4 萬	9.1 萬
102 年	831.9 萬	8.5 萬
103 年	840.9 萬	9.0 萬
104 年	849.4 萬	8.5 萬
105 年	860.3 萬	10.9 萬
106 年	869.6 萬	9.3 萬
107 年	883.4 萬	13.8 萬
108 年	892.5 萬	9.0 萬
109 年	902.2 萬	9.7 萬
110 年	912.3 萬	10.1 萬

資料來源：內政部統計資訊網

製表：品嘉建設

圖 2-6-1

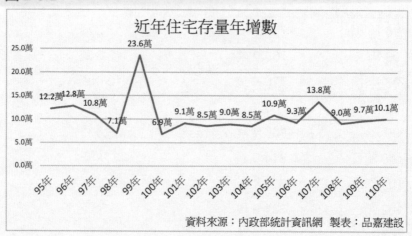

近年住宅存量年增數

資料來源：內政部統計資訊網　製表：品嘉建設

圖 2-6-2

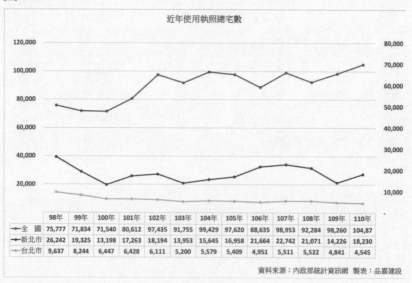

近年使用執照總宅數

	98年	99年	100年	101年	102年	103年	104年	105年	106年	107年	108年	109年	110年
全　國	75,777	71,834	71,540	80,612	97,435	91,755	99,429	97,620	88,635	98,953	92,284	98,260	104,87
新北市	26,242	19,325	13,198	17,263	18,194	13,953	15,645	16,958	21,664	22,742	21,071	14,226	18,230
台北市	9,637	8,244	6,447	6,428	6,111	5,200	5,579	5,409	4,951	5,511	5,522	4,841	4,545

資料來源：內政部統計資訊網　製表：品嘉建設

房價 VS. 房市

（2）**房屋庫存**。根據業者統計資料顯示，2021 年 7 月以後，全台待售住宅從 31.2 萬棟，在短短半年大減近 6 萬棟，降至 25.4 萬棟，減幅逾 18%，市場供應大減，造成屋主姿態升高，紛紛開高價出售。

再以新建餘屋量觀察，2011（100）年以來雖新建餘屋量穩定逐年攀升，從 2.4 餘萬戶，快速遞增到 2016 年的 7.3 萬戶之後即呈現穩定，2019 年第四季雖續增至 7.8 萬戶，但從 2020 年第 2 季起，餘屋量又開始遞減，目前已經少於 5 萬戶，若再扣除一些需求較少的大坪數房屋後，**符合當前市場需求的中小坪數格局的房子，並沒有太多的餘屋存量（圖 2-6-3）**。

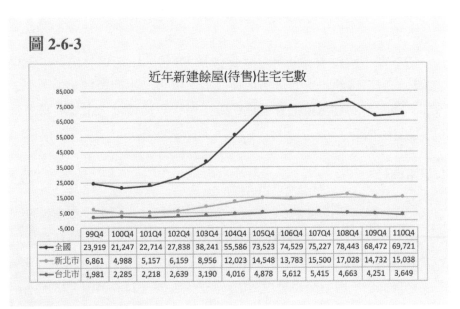

圖 2-6-3

近年新建餘屋(待售)住宅宅數

	99Q4	100Q4	101Q4	102Q4	103Q4	104Q4	105Q4	106Q4	107Q4	108Q4	109Q4	110Q4
全國	23,919	21,247	22,714	27,838	38,241	55,586	73,523	74,529	75,227	78,443	68,472	69,721
新北市	6,861	4,988	5,157	6,159	8,956	12,023	14,548	13,783	15,500	17,028	14,732	15,038
台北市	1,981	2,285	2,218	2,639	3,190	4,016	4,878	5,612	5,415	4,663	4,251	3,649

資料來源：內政部統計資訊網
製表：品嘉建設

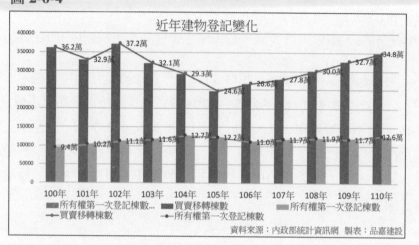

圖 2-6-4

近年建物登記變化

資料來源：內政部統計資訊網　製表：品嘉建設

內政部的統計資訊也顯示，僅民國99年，住宅存量稍多。去年（2021）房市轉熱，主要是房市從衰退（熊市）走向復甦（牛市），再加上通膨下的買房抗通膨心理所致。所以，從需求上來看，需求量的增加是可觀的。

4. 供求關係

（1）2016（民國105）年後，需求逐年攀升。再從房市交易量來看，2021台灣六都全年移轉棟數 26.8 萬棟，全年的買賣移轉棟數接近 35 萬棟，雙雙寫下 8 年新高，與前一年（2020）相比，也成長了 6% 之多。基本上，房市交易量從 2016 年墜入谷底（24.6 萬棟）後，逐年回升（參見圖 2-6-4）。

圖 2-6-5

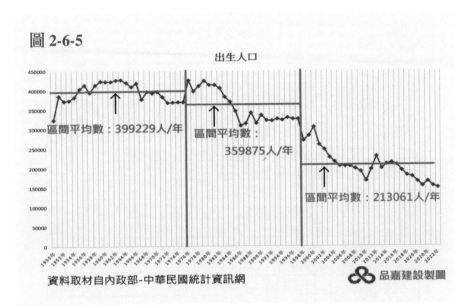

出生人口

資料取材自內政部-中華民國統計資訊網　　　　　　品嘉建設製圖

圖 2-6-6

近年「住宅類(H-2類)」核發使用執照總樓地板面積

資料來源：內政部營建署 製表：品嘉

表 2-6-2

民國	西元	人口數 (人)	人口數 成長率	戶量 (人/戶)	戶籍數 (戶)	戶籍數 成長率
92年	2003	22,604,550		3.21	7,047,168	
93年	2004	22,689,122	0.37%	3.16	7,179,943	1.88%
94年	2005	22,770,383	0.36%	3.12	7,292,879	1.57%
95年	2006	22,876,527	0.47%	3.09	7,394,758	1.40%
96年	2007	22,958,360	0.36%	3.06	7,512,449	1.59%
97年	2008	23,037,031	0.34%	3.01	7,655,772	1.91%
98年	2009	23,119,772	0.36%	2.96	7,805,834	1.96%
99年	2010	23,162,123	0.18%	2.92	7,937,024	1.68%
100年	2011	23,224,912	0.27%	2.88	8,057,761	1.52%
101年	2012	23,315,822	0.39%	2.85	8,186,432	1.60%
102年	2013	23,373,517	0.25%	2.82	8,286,260	1.22%
103年	2014	23,433,753	0.26%	2.8	8,382,699	1.16%
104年	2015	23,492,074	0.25%	2.77	8,468,978	1.03%
105年	2016	23,539,816	0.20%	2.75	8,561,383	1.09%
106年	2017	23,571,227	0.13%	2.73	8,649,000	1.02%
107年	2018	23,588,932	0.08%	2.7	8,734,477	0.99%
108年	2019	23,603,121	0.06%	2.67	8,832,745	1.13%
109年	2020	23,561,236	-0.18%	2.64	8,933,814	1.14%
110年	2021	23,375,314	-0.79%	2.6	9,006,580	0.81%
2021對照2004		686,192	-1.16%	-0.56	1,826,637	25.44%

2004~2021全台人口數-戶籍數-戶量(人/戶)統計表　　單位：戶:人:‰

資料來源：內政部統計資訊網

製　表：品嘉建設

在新屋「需求大於供給」的情況下，不僅逐漸的消化了之前的庫存新屋，也拉升了房價。

（2）人口結構的影響。若再深入分析人口和家戶數的變動情形，可以觀察到台灣的人口數確是逐年遞減，**比較顯著的轉折年份應該是從 1998 年開始**，若考量到現今購房主力的平均年齡 40 歲（**主力購房年齡層 35 ～ 45 歲、其次為 30 ～ 35 歲和 45 ～ 50 歲兩個年齡層**），那麼少子化的影響最快也要到 2028 年（1998 ＋ 30）才會開始出現，2033 年（1998 ＋ 35）才會有比較明顯的影響（參見圖 2-6-5）。

（3）家戶數的增加狀況。但再考量近年來家戶數的增加狀況（原因包括：單人戶數增加、結婚件數減少、離婚件數增加），近 10 年來增加了超過 948 萬戶（9,006,580-8,057,761，每年約 9.5 萬戶），每年增幅達 1.13％，也超過少子化下的最大人口減幅（0.7％，另詳），亦即**房屋的需求量仍將呈正數的增加**。從這些數據來看，我們似乎看不到未來 10 年房產需求減少的可能（參見表 2-6-2）。

（4）新屋的供給增量平穩。再從供給上來看，從我國建照的申請情形顯示，從 2020 年核發住宅類建照計 16 萬 39 宅、開工 13 萬 4,315 宅，都是近 10 年新高；若再從近 10 年使用執照來觀察，可以發現從 2017 年開始發照的樓地板一直呈現穩定狀況（約 15,000 千平方公尺），亦即新建的宅數增加和每宅的面積變小，這也反應了當前的小宅化現況（參見圖 2-6-6、圖 2-6-7）。

雖說建照增量從 106 年開始遞增，但再看實際開工的狀況，則又是另一個景象，亦即「**愈來愈多拿到建照，但遲不開工**」的現象（參

圖 2-6-7

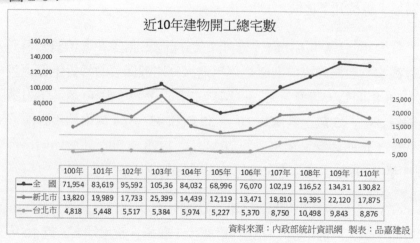

近10年建物開工總宅數

	100年	101年	102年	103年	104年	105年	106年	107年	108年	109年	110年
全　國	71,954	83,619	95,592	105,36	84,032	68,996	76,070	102,19	116,52	134,31	130,82
新北市	13,820	19,989	17,733	25,399	14,439	12,119	13,471	18,810	19,395	22,120	17,875
台北市	4,818	5,448	5,517	5,384	5,974	5,227	5,370	8,750	10,498	9,843	8,876

資料來源：內政部統計資訊網　製表：品嘉建設

圖 2-6-8

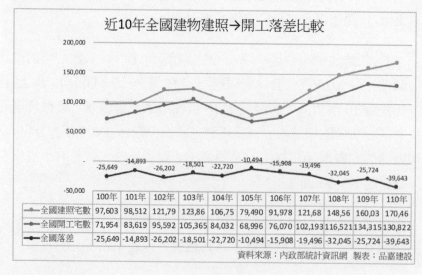

近10年全國建物建照→開工落差比較

	100年	101年	102年	103年	104年	105年	106年	107年	108年	109年	110年
全國建照宅數	97,603	98,512	121,79	123,86	106,75	79,490	91,978	121,68	148,56	160,03	170,46
全國開工宅數	71,954	83,619	95,592	105,365	84,032	68,996	76,070	102,193	116,521	134,315	130,822
全國落差	-25,649	-14,893	-26,202	-18,501	-22,720	-10,494	-15,908	-19,496	-32,045	-25,724	-39,643

資料來源：內政部統計資訊網　製表：品嘉建設

見圖 2-6-8）。

新屋的建照宅戶數雖有大量增加，但未立即真正開工，雖說表面看來這幾年（108 年以後）建照的申情宅戶數有大量增加，但未立即真正開工的比例卻愈來愈高。若再計入使照和建照的時間差（約 3 年）之後，假使施工進行順利，推估至少 3 年後，新屋供給數量才會見到增長。再者，考量這幾年缺工、搶工所造成的工期拉長，未來幾年新屋的數量將極其有限，**但考量這幾年缺工、搶工所造成的工期拉長影響，估計 5 年內每年新屋的數量與當前相比，增加仍將極其有限，亦即近期新屋供不應求的情形仍難改善**（參見圖 2-6-9）。

5. 營建成本

最後，再看看房價的成本結構。基本上房屋的成本結構包括了：土地、營建原物料、勞務成本，這些要素在可建土地匱乏、全球共同追求「碳中和」的共識、和營建人力短缺的狀況下，往後也很難下跌，因此，如果以成本來考量，那麼**往後房價只有持平、緩漲和暴漲的可能，除非短暫、特殊情況，否則很難期待會有下跌的空間。**

房市未來怎麼走？

（1）小宅化格局大致確定。2020、2021 年核發住宅類建照宅數雖然增加，但建造執照數量卻較 2019 年減少，這也顯示房屋面積變小的小宅化格局已經形成，也印證了房價上升和家戶人口數增加的影響，**近期的統計數字也顯示，單身族爆多，當前 每戶平均人口數僅 2.59 人，**

房價 VS. 房市

圖 2-6-9

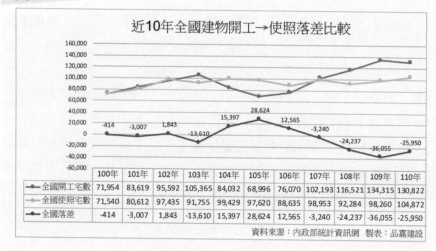

近10年全國建物開工→使照落差比較

	100年	101年	102年	103年	104年	105年	106年	107年	108年	109年	110年
全國開工宅數	71,954	83,619	95,592	105,365	84,032	68,996	76,070	102,193	116,521	134,315	130,822
全國使照宅數	71,540	80,612	97,435	91,755	99,429	97,620	88,635	98,953	92,284	98,260	104,872
全國落差	-414	-3,007	1,843	-13,610	15,397	28,624	12,565	-3,240	-24,237	-36,055	-25,950

資料來源：內政部統計資訊網　製表：品嘉建設

已創歷史新低。

　　（2）建造規格提升引發新的購屋需求，新屋占比提高。再從近期新推出預售屋的建造規格來觀察，不難發現很多新建案的建造規格較過去提升了不少，除了 2020 年送照的建案樓板必須符合新法規減噪（降低 17 分貝，達到 58 分貝以下）的要求外；很多危老都更改建的房屋也開始採用「更高的耐震等級」去設計、施工；社區內也有了「無障礙的順平設計」；對陽光的照射也增加了「遮蔽性的舒適」考量…，這些都「增加了居家的舒適性」，提升的新規格也將帶來了新的購屋需求。

　　筆者估計，在新建造規格升級的催化下，新屋占比將日漸提高；

而中古屋，尤其是老舊公寓價格將日趨下跌，這也將是房市、房價分化的結果。另外，**有都會熱區買房需求的民眾，若不及早下手，日後買房難度將會進一步加大。**

房價 VS. 房市

3 買房這件事……

有些人想存夠了錢再買房，結果房價漲了，連頭期款都出不起了！

幾年後 ，您會發現：除了您當時買的房子，其它東西都貶值了；

十年後，您會發現：除了您當時買的房子，其它東西都不知道扔哪去了；

二十年後，您會發現：除了您當時買的房子，曾經的奢侈品已不再高貴，

而曾經的高端貨也都漸漸普及；您終於明白，只有房子，才是永恆不變的奢侈品，一種會長大的貴重資產。

時間可以證明一切！

很經典的一句話：「你用買房的錢存到銀行，你的錢就會被銀行借給別人買房子！最後你租了別人的房子，別人再用你的錢還房貸！」

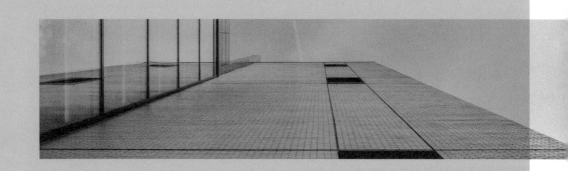

買房時怎麼選擇銀行貸款？怎麼做最有利？

無論什麼時候提前還款給銀行，銀行收取的利息都是一樣的利率，利息則會跟著你的本金變化而改變，還沒有償還的本金部分都必須按月支付利息。

1. 貸款的主還款方式：等額本金、等額本息

關於銀行貸款，大家普遍的認知是越早還越好，還的利息越少，其實這是錯誤觀念，為了搞清楚這個問題我們首先要搞清楚銀行的利息是怎麼計算的，還款一般分為：等額本息和等額本金。

（1）等額本金：是在還款期內把貸款數總額等分，每月償還同等數額的本金和剩餘貸款在該月所產生的利息，這樣由於每月的還款本金額固定，而利息越來越少，借款人起初還款壓力較大，但是隨時間的推移每月還款數也越來越少。

（2）等額本息：把貸款的本金總額與利息總額相加，然後平均分攤到還款期限的每個月中，每個月的還款額是固定的，但每月還款額中的本金比重逐月遞增、利息比重逐月遞減。

但不論採用上述那那一種還款方式，我們還款的都是分為兩部分，

即本金和利息。我們習慣性的認爲一開始還的利息多，後期還的利息少，所以提前還款不划算，其實不然，你每個月交的利息是根據你的本金來計算的。

那我們來算一下你還的利息，假如你一共借款 A 元，年利率爲 b，第一個月還款的利息爲 A*b/12，這就是你還的利息，你每個月還的錢減去這部分利息就是還的本金 c。那麼爲什麼每個月還的利息越來越低，就是因爲你上個月還了一部分本金 c，你欠銀行的錢爲 A-c 了，這樣你再算下個月利息的時候本金就變成 A-c 了，本金少了，利息肯定少了。所以你每個月的利息都是銀行按照你當月所欠的本金的利息收取的。沒多收也沒少收。只不過剛開始本金多，利息就多了，大家就以爲銀行故意高收利息。

（3）提前還款，划不划算？那麼爲什麼都說提前還款不划算呢，其實最主要的原因是房貸在銀行來說屬於優質貸款，很少有壞賬、爛賬，所以銀行不希望你提前還款，而且明顯的把前期利息設計的多些，讓你形成這種心理效應，減少房貸的提前還款。

2. 通貨膨脹款 VS. 償還貸款

我們再來談一談通貨膨脹的問題，貨幣在不斷的貶值，物價卻在不停的上升，十幾年之後，你每個月還的那點錢所能買到的東西跟現在相比，更是差很大了，在現在的大環境下能在銀行拿到的貸款絕對是最便宜的，一定要好好利用，所以在當前的利率水準下，筆者不建議提前還款。

選擇 20、30 或 40 年的房貸？

其實房貸是就是向銀行借錢買房，只要是欠債其實不管借款期多少年都是有壓力，只是壓力大小而已。有的人選擇 20 年房貸，這樣能早點還完錢早點輕鬆，產生的利息也比較少，不想辛苦一輩子給銀行打工；而有的人則覺得時間越長越好，這樣每個月還貸壓力不會那麼大，這樣生活品質也更有保障。雖然說不同年限的房貸各有優勢，到底該怎麼選，我們還是先來算一算不同房貸所產生利息差距到底有多大吧。

為了更直接好算，我們就以新臺幣 1,000 萬的房貸為例，假設利率以中央銀行 2022 年 9 月 22 日宣布升息半碼（0.125 個百分點）之非政策性貸款的首購房貸最低樓地板利率 1.81%，無限期，採等額本息攤還試算，看看分 20 年、30 年和 40 年還清，到底需要付多少利息錢（參見表 3-1-1）？

從（表 3-1-1）看來，方案之間一眼可看出的差異點有兩個，分別是「月付金額」以及「本息總和」，貸款 20 年的月付金額雖高，但本息總和低；而貸款 30 年及 40 年卻相反，月付金額低，但本息總和高。比較出來後，會發現 20 年方案本息總額是 1,192 萬元，而 30 年的方案本息總額 1,296 萬元，雖然只差 10 年時間，但是利息卻整整高了 104 萬，不過房貸利率不同，利息差距也有不同。

表 3-1-1

項目	貸款年限	月付金額	本息總合
方案 1	20 年	49,693 元	11,926,320 元
方案 2	30 年	36,019 元	12,966,840 元
方案 3	40 年	29,292 元	14,060,160 元

資料整理、製表：品嘉建設

房貸的還款年限選擇，與「收入」有關

對一些在乎利息的入而言，比如一些月薪比較高的人，月薪能達到 12 萬元以上的人，那選擇 20 年房貸是比較合適的，這樣能比 30 年房貸省下 104 萬利息，而且可以儘早回復無債的自由人身份。但如果是月薪不到 10 萬的，如果你能選擇較長年限的方案，選擇 30 年或 40 年房貸會比較好，無須勉強，每個月還的房貸也比較少，還有多餘的錢留著生活。

所以綜合上述意見來看，房貸 20 年、30 年或 40 年，無論選擇哪種都各有優劣勢，這個就要根據自己的經濟情況去選擇，不過三種年限房貸皆相差 100 多萬的利息也需要認真的考慮，畢竟大家的錢都不是大風刮來的，要賺這 100 多萬也不容易。

若假設未來利率上調到 2.1%，比起目前的 1.81% 水準，房貸金額 1,000 萬元、30 年期，採等額本息攤還試算，每個月平均本息將增加 1,445 元，一年的本息支出就增加了 17,340 元，所以民眾貸款時還是要慎重考慮。

房貸怎麼還最有利？

30 年的房貸，還多少年後再一次性還完比較合適？

很多背著房貸的朋友，都考慮過這個問題：到底在多少年之後，可以一次性還清？

其實大家不用糾結這個問題，對於銀行和貸款用戶而言，在利率固定的情況下，還款金額是隨著貸款時間而決定的，並不存在所謂提前還款合適不合適這一說法。

為什麼不建議一次性還貸？

在大多數情況下，我都不建議提前一次性還清房貸，尤其是以減少利息支出為目的一次性還款。因為對於大多數人來說，市面上所有借貸的管道，只有銀行房貸的利息最低，而且可能是大多數人人生中能輕鬆拿到的、利息最低的一筆大額貸款。

與其早早的把房貸還給銀行，不如把錢拿在手裡，盡可能讓錢生錢，讓收益跑贏利息，做到收益最大化，以一個有理財知識的人來，要找一個年投報率在 5% 以上的產品其實並不困難，找到適當的好投資機會，8%、10% 以上也並不為過，只要積極、認真的去找尋，機會其實還是蠻多的。

對一個具備基本理財能力的人來說，一直按月還貸才是最划算的。

買房這件事……

等額本息與等額本金，多久還款合適？

如果確實想提前一次性還款，什麼時候還款相對划算呢？

三十年的房貸，多少年後一次性還完最划算？

以等額本息為例，等額本息不超過貸款年限的一半，也就是 15 年；而等額本金不超過貸款年限的 1 / 3，也就是 10 年；在上述時間一次性還款，或許會「相對」划算。因為如果還款沒有超過 1 / 3 或者 1 / 2，亦即在房貸還款期限的前期，這時候提前還款比較合適，但經濟壓力比較大，但要注意，如果你過早地提前還款，也許還要繳交違約罰金。若在上述時間之後，此時還款已經進入到了後期，按銀行利息的計算方法，如貸款年限過半，就意味著超過一半甚至近 80% 的貸款利息已經在前期的還款過程中償還完畢，剩下的房貸中絕大多數都是本金，提前還貸的意義不大。

如何選擇貸款方式？

如果想少還利息，可以選擇「等額本金」的還款方式。經過簡單計算，按 1.81% 的基準利率貸款 1,000 萬，30 年下來，等額本金比等額本息，利息要少 244,320 元（2,966 840 元至 2,722,520 元）。但等額本金初期的每月還款，比等額本息方式要多一些（42,861 元對照 36,019 元），但是如果你的手頭寬裕，倒也無所謂。

如果你的理財能力有限，無法跑贏貸款利率，那就選等額本金，因為你要追求更少的總利息；如果你的理財能力較強，能夠跑贏房貸利率，那就選等額本息，因為你可以追求收益的潛在最大化。

此外順帶一提，未婚的情侶或好友共同購屋前，關於貸款、房屋物件的共有持分及未來售出等問題，建議事先訂定合約，闡明彼此之間的出資比例、貸款未繳時之處理方式、未來出售時彼此之間的權利義務關係，同時請代書在建物及土地所有人登記時，載明分別持分比例，避免日後出現糾紛，合約若能公證，日後更可免除因爭議引起的冗長訴訟。

至於貸款，建議由情侶或好友中經濟條件較好的一方當「借款人」，另一方則做「連帶保證人」，一方面可以共同承擔責任，另一方面也可以取得較好的貸款條件。

大蕭條來臨，不妨手握現金，伺機而動

通常若問我，我的建議多半會是：有錢在手裡，不如放手投資。但卻別急著一次還清。

很多人都是這樣的性格：借了別人錢，就想在短時間內還清，這樣的做法其實是不可取的。如果是 20 年、30 年或者 40 年的還款期，可能通貨膨脹導致資金縮水的幅度是遠遠超過利息的金額。所以，借了銀行的錢，能借多久就選多久，就算你的資金完全可以一次性把錢都還了，也不要著急。因為這個錢你投資到別的地方去，一定是有收益的。這樣等於你拿著銀行的錢替自己賺錢，多好。

有很多人想不明白這件事，總是單純的想把借的錢趕緊還了，因為自己內心上總覺得欠著錢不好，其實這是不明智的。尤其在處資本寒冬的現在，有現金在手，會有機會取得超值的便宜貨，而大大獲利

的。這也是大家常聽說的，在不景氣的時代「現金爲王」，但所謂現金爲王指的並不是讓現金握在手上、存在銀行，而是要把握機會，去用它買進景氣好的時候買不到的超值資產，這才是現金爲王的眞正意涵。

3.2 購屋黃金定律——六大時機 VS. 八大考量

想瞭解買房或者賣房的最佳時機嗎？以下這幾個關鍵與模式請務必遵守，保證讓你交易談判時無往不利，虎虎生風。

六個最佳交易時機點

（1）利率總是會變的。買房首先要考慮的就是自己的支付能力以及資金的流動性，如果購房者未來有足夠的資金收入或者是資金流動比較順暢的話，要在銀行利息續升之前，果斷出手購買合適的房子。一定記得**要在自己可以支付的能力範圍內**，而不是盲目的跟風，如果超出了自己的實際支付能力，想想未來每天因為房貸壓力煩惱，那還能開心嗎？

（2）關注區域供應量。市場處於上升波段的時候，二手房的價格一定低於一手房。這是因為市場的供應者包括房產商及二手房賣家。在同一個區域內，房價會受到這兩者數量的影響。例如，**一手房較多的情況下，房產商為了搶奪更多的客戶會競爭，價格會相對合理**。此時，購買新房會比較有利。但是當一手房供應量不足的時候，為了應對市場的需求，很有可能出現部分賣家囤貨居奇，新屋的價格也就很

容易上漲。

（3）**市場低迷時，可將多餘房子賣出**。對於一些「中枷」的投資者來說，即使是市場低迷時，賣房也是很划算的。因爲房屋只要留在自己的手裡，就需要付出一定的代價，比如房屋稅、地價稅、銀行利息、維修費等。因此，如果不賣房的話，應該確保房屋的收益和增值能夠涵蓋這些成本。

因此，對於一些資金不充裕，但是要改善居住環境，靠賣一買一的方式來改善居住條件的人，可以降低心理預期的出售價格。因爲不論時機好壞，房屋需要花費的成本是不會減少的，但是如果能夠及時地將多餘的房子賣出的話，便可以爲下一步的投資換屋提供可能的資金，畢竟，雖然賣價較低，**但同樣的買入新房的價格也同樣的比較便宜**。

（4）**閒置的空房請盡早出租**。房子不管是租金低還是租金高，總是收益。畢竟房子空著就是最大的浪費，如果是爲了出租的話，就更沒必要在裝修上鋪張浪費。

（5）**換房通常不受淡旺市影響**。在二手房市場中，很大一部分人買房是爲了改善居住需求。目前，有很多換房族群處在觀望中，遲遲不敢出手。

如果你有換房需求的話，不必考慮太多淡旺季的因素。自住型的購房一般不會受到市場形勢影響，比如結婚的婚房、改善住房等。在相同的區域中，如果現在居住的房子比較老舊，而且有換房打算的話，

在現在的市場下，將房子賣掉換成現金還可以獲得更多的機會。這樣的方式比較適合非投機的自住購房者。房地產市場無論是賣方市場還是買方市場，只要是有換房打算的人，都將完成一個買賣身份的轉變。如果在賣房的時候讓了一些利益，那麼等到購房的時候還是一樣會有收益，因此，對個人而言，整體情況不會影響太大。

（6）二手房應珍惜每個交易機會。房產交易過程中，經常會出現買賣雙方因為價格而相互僵持的局面。一般來說，售房者在房產仲介處給出一個能夠接受的價格後，在實際的交易過程中，仲介會抬高這個價格出價。但是對於購房者來說，買房之前一定會全方面的瞭解房價，並且希望購買的價格可以接近自己的心理預期，這樣就很容易出現買賣雙方博弈的局面。

二手房出手的時候一定要考慮當下的行情，尤其在市場不被看好的時候，賣家一定要珍惜房子交易的機會，因為賣房子的比買房子的多，所以容易造成成交量萎縮的情況。所以，只要購房者的出價不是太離譜，就不應該將房子吊起來不賣。畢竟一旦錯過了這次機會，很可能再也遇不到更好的情況，最後造成更大的損失。

八大重要考量關鍵

俗話說「外行看熱鬧，內行看門道」，買房更是如此。新手買房往往擔心買房受騙或買不到稱心如意的房子，買房時手忙腳亂，今天看看這個覺得這個建案環境不好，明天看看那個格局不合理，可是環境好了格局也合理了，價格又太高買不起，所以買房總是不能得償宿願，那新手該怎麼買房才能合情合理呢？

（1）**買房應量力而行，但可略帶壓力。** 現實生活中很多買房子的常因受限於經濟能力，會選擇小房作為一個過渡的權宜措施，通常也會選擇中長期貸款來買房。

如果想一步到位買個超出自己支付能力的房子，經濟壓力會較大，生活質量也會下降。買房前要對自己的頭期款支付能力以及每月的還款能力進行評估，最好每月還款金額不要超過自己收入的 4 成（略帶壓力，但又不過度），存款中還要留出一部分繳納稅費、裝潢設備等費用，所以不一定大的就是好，適合的才是好的。

（2）**考慮交通成本。** 除了資金承受能力，另一方面是居住後的交通成本。買房還是要考慮到日常居住，尤其是上下班的交通成本。

即使同樣的購房款可以在稍微偏遠的地方買到面積相對大的房子或者省下來的購房款可以買輛車。但是仍然要考慮到交通擁堵問題和油價、停車問題，**花費太多時間在交通上對年輕族群並不合適。**

（3）**樓盤的選擇。** 新人買房時有時會比較糾結於要買新房還是二手房，作為「婚房」大多數人都傾向選新房，但依目前房市來看，新房一般位置會比較偏遠，又比較昂貴，這時不妨衡量一下**上班距離和離雙方父母住家的距離**後再做決定。

有的新人也會選擇二手房，**買二手房一定要注意房屋的品質**，尤其是建築物施工時的相關法規（依 2001 年以前舊法規完工的建築物，耐震性不佳）。不妨新房和二手房一起看看，有中意的再放在一起衡量比較。

（4）孩子的就學問題。新人買房多半會涉及到孩子就學問題，在條件許可的情況下，應儘量挑選教育資源較好的社區房子，不要讓孩子輸在起跑點上！

（5）停車位。新人如果買完房子資金還有剩餘，可以考慮購買汽車。但現在停車問題比較嚴重，買了車卻沒有停車位，會因爲找停車位而過的很痛苦，所以會買車時一定要一併考量停車的問題，另外，由於電動車日趨普及，因此社區是否配置有電動車充電設備亦有必要納入考量。

（6）社區的住戶素質很重要。若所選的社區大部分的居住者和自己有相似的背景和生活狀態的話，平時溝通起來會比較自在，尤其是有了孩子以後，這點會更加重要；若選擇社區的鄰居年紀較大，孩子會比較沒有玩伴。

（7）買預售屋，還是成屋？預售屋較成屋風險大，建議購買品牌開發商的預售屋，因爲品牌開發商一般出現延期交屋的情況，甚至不交屋的概率相對較低，而且縱若房子有瑕疵也會願意去改善和解決。

（8）交屋、驗屋應重視。在交付房屋時，購屋者一定要注意先驗收然後再接管，也要注意建商的信譽和專業能力。

3.3 如何挑選適合自己的房子？

對於大多數購房者來說，都是第一次選房，沒什麼經驗，也不知道什麼樣的房子屬於「優質房」，什麼樣的房子屬於「劣質房」。去到預售屋的銷售中心，完全被銷售人員牽著鼻子走，相信，大多數人這個時候的內心是恐慌的，為此，今天筆者特意將內行人總結的買房技巧告訴大家，給大家做參考。

一眼看穿房子的好與壞

對於購屋者來說，能夠挑選一套滿意的房子，是十分重要的。單單從一套房子的價格來看，也不容許購房者有半點疏忽，畢竟，如今，動輒千萬起跳的房價，對於任何一個普通家庭來說，都是一筆「鉅款」。這個時候，如何能夠選到滿意的房子便顯得非常重要。

1.房型

（1）家庭結構。現在大多數家庭都是單身、二口或三口之家，看來似乎兩房就夠，其實不然。現在大多數年輕人都不會帶孩子，一般都需要父母的協助，這樣一來，有小孩的夫婦就需要有個臥室給父母住，所以3房會是比較合適的居室安排。

（2）戶型。三房的空間利用率要高於兩房，即便是第三個房間不

用來住人，也可以改造成書房、健身房、衣帽間、雜物室等等。尤其是有了寶寶以後，有一個閒置房間的重要性就越高。

（3）增值潛力。長期以來，三房要比兩房更容易轉手，溢價也會更高，**但近期在高房價下，兩房有「後來居上」之勢，在流通性變得愈來愈搶手。**

2. 位置

（1）遠離機場、火車站。相信不用過多解釋，大家也能理解。距離機場、火車站近的房子，噪音危害非常大，飛機起飛、降落也會發出很大的聲音。現在生活壓力大，社會節奏快，休息是非常重要的，休息不好，一天都會沒有精神。尤其是對於家裡面有小孩和老人的家庭，簡直就是「噩夢」，況且，距離機場、火車站比較近的地方，人流量也較大，人車混雜，比較亂。

（2）遠離大型工廠（尤其是化工廠）。距離工廠遠近的理由其實和機場、火車站類似。化工廠或者一些肥料廠會產生一些有害氣體，以及對於水質造成一定的汙染。對於長時間在這種環境下生存，對健康會有一定的影響。

（3）遠離存放易燃、易爆物品的地方。比如儲存油氣的地方。對於購房者來說，一套房子就是一大半的身家財產，容不得出半點問題。如果房子周圍有這樣的安全隱患是非常可怕的。一旦發生火災或者爆炸，對於住戶來說都是「致命性」的打擊！

（4）靠近學校。靠近好學區的房子，升值潛力是很大的，並且「抗

跌」能力也是極強的，即便周邊區域的房價發生波動，好學區附近的房子也是會 "很堅挺"。

此外，距離學校近，孩子上學也方便，現在孩子的交通安全是 "頭等大事"，距離越近，危險性也就越小。

（5）鄰近公園、河流。現在的人越來越注重養生，在這樣的情況下，很多人對於綠化的要求也就比較高，距離公園附近或河岸邊，不僅可以滿足綠化的需求，還可以鍛鍊身體、釋放壓力、休閒散心、呼吸新鮮空氣。

隨著人們生活水平的不斷提高，這樣的房子逐漸會成為人們購房的首選，增值潛力也是很大的。

（6）生活便利性。儘量選擇附近有學校、菜市場、大型超市等，增加生活的便利性。

3. 社區環境

（1）社區環境。不論你周圍環境多好，社區內相對封閉的空間和你生活上的關係會更密切，尤其有小孩的家庭，在那裡小孩可以跟其他小朋友玩耍。

（2）後續維修成本。買房後，管道是否漏水，電路是否老化，這些都是埋在牆裡面的，不是小錢就可以輕易解決；尤其如果社區已經非常老舊，那麼每年的管理維護成本一定很高，若社區沒有充份的設備維修基金，並且住戶也沒有出資從事維修的共識，那麼社區必然會

逐步走向殘破。

（3）左鄰右舍。正所謂「千金買房，萬金買鄰」，尤其你樓上住戶的素質更攸關了你平日的家居生活。

（4）物業管理。物業管理公司的素質決定社區安全、社區維護、社區老化的水平，再好的社區物業不作為也會加速社區老化，造成社區破亂不堪。

（5）後續轉售。人的一生大多數會搬遷兩三次，也就是買房兩三次，所以買入的時候就必須考慮房子日後的轉手性，這也是房子的「投資屬性」，一旦你計畫搬遷的時候，你的房子是否隨時可租、可售、可增值，這些都會是重要的考量因素。

內行人教你買房五大要領

其實只要掌握以下這五大要領技巧，買房其實一點都不難。首先請注意：

1. 地段

內行人買房首先看的是地段，華人首富李嘉誠也說過：「決定房地產價值的因素，第一是地段，第二是地段，第三還是地段。」雖然這個地段論更適合用於房產投資，但是剛需買房時選擇區域（地段）也很重要。因為好地段的房產保值或升值的空間更大，風險相對較小，就算未來房價暴跌，首先下跌的也是地段較差的房產，**地段好的房產**

房價一般都是最後下跌的；反之，當房市走高時，則是最快上漲的。

2. 社區配套

買房絕對不能忽視樓盤（社區）本身內部和周邊的配套設施（生活機能），若配套設施不完善，連吃個飯，看個病都很麻煩，那就談不上社區有多理想。**好社區不論內部或周邊生活機能都會比較完善，**不僅水、電、瓦斯、wifi、停車場、多功能兒童活動空間、社區休閒場所等內部配套設施能滿足住戶的日常生活需求，周邊還有便利商店、菜市場、藥店、小型超市、學校、公車站點或者捷運等多功能服務配套，滿足住戶衣食住行的需求。

3. 樓層

不同的樓層，房子的通風採光、視野景觀以及住戶的私密性、居住舒適度，甚至噪音汙染、外出的便利性等多少有所不同。一般來說，低樓層外出更方便，如遇意外也更容易逃生，但是通風、採光、視野等相對高樓層較差，私密性較差，噪音汙染也嚴重；高樓層視野好、空氣清新，通風採光都更佳，但是如果電梯故障，可能會影響外出。

4. 戶型

不同朝向、不同通風採光的戶型也能影響住戶的居住舒適度，一般來說「南北通透」、戶型方正、設計佈局合理、乾溼分明的戶型是最佳戶型，這樣住起來更舒服，而**只有單面採光、通風，且有些房間採不到光的戶型，則被很多人所排斥。**

5. 價格

很多購房者認為房價才是買房最關鍵的因素，但筆者則認為房子適不適合自己才是最關鍵的。在自己能力範圍內，如果房價偏高你也能接受，這樣你就會覺得地段好、配套好、戶型好、樓層好的房子才是最好的，就算房價貴點也願意買。

但是，如果你能力有限、購房資金有限，那麼這時你就會覺得房價越便宜越好。不過「一分錢一分貨」，好的房子房價貴也有貴的道理，而有些房子之所以便宜也是因為有明顯的缺點，還是要看個人的接受程度；如果你完全不介意這些缺點，那就可以買，如果你介意這些缺點，那我建議還是不要買了，免得後悔。

談判買房的五大技巧

隨著房價愈來愈貴，「買對房」的重要性也是與日俱增，買對了，不僅生活美滿，還能財富日增，這裡筆者也提出五大技巧供讀者參酌。

（1）以銀行房貸作為標準。購房者其實大可不必管什麼房價收入比，也沒有必要聽「所謂的房市專家」的意見，那些人的話都不見得靠譜。購房者在買房的時候，只需要緊緊盯著銀行房貸狀況，如果房貸緊張，那就意味著房市狀況可能惡化；如果房貸寬鬆，那就意味著房市狀況不錯。**銀行房貸傳遞的信息比所謂的「房市專家」的話真實、準確，可信度也更高。**

（2）釐清平均單價和特殊個案之間的差異。**經常平均價格下跌，是因為某類房子增多，因而該類房子的房價下跌，並不說明所有房屋**

價格真的降了。持這種觀點的人只說對了問題的表面，卻忽略了平均價格反映的真正內涵。像近期，中古屋的房價下跌，必定帶動整體房價下跌，再加上中古屋的交易量原本就占房市整體交易量的半數以上，當然會很大程度的影響平均房價，因此如果以平均價格下跌就推斷所有的房價下跌，那除了突顯評論者的專業度不足外，還會誤導一般民眾的判斷。因此購房者必須要看清個案類別的具體價格，再做判斷和決定。

（3）抓住低價房的市場機遇。買房有時也要善於抓住機會。如果一個能把樓蓋完的建商因為進行某項特別活動，所以價格便宜，就值得一試。如果是二手房的話，可能房東因為某些原因急需資金，會便宜拋售，這樣的房產只要認真去談的話，或以一次付清的方式購買，一般可以便宜 10% 左右的房價，很划算。

（4）選擇超值的物業大膽買進。不同的建商有不同的銷售手法，**貴的房子並不一定就是好房子。有些建商希望薄利多銷，通過價格競爭佔領市場，有的建商則將價格定得較高，追求高利潤。**因此，買房人選擇房子時，如果是「不求最好，只求最廉」的話，買同一地區品質差不多的房子中價格最低的，相對抗跌力要更強一些。

（5）選擇前景看好的潛力型房產。一個樓盤的價值升值與時間密切相關，也與購房者的眼光有關，購房後指望房產入手之後立刻就漲價，那是不太現實的。**優質的房子長期來看一定增值，而且跑贏通貨膨脹，所以買了房子之後，不需要太時時刻刻關注房價的漲落**，只有以這樣的心態去看房、選房，才能去琢磨出房產未來的價值和升值空間，這樣才是真正的價值投資。

對於這種動輒幾百萬甚至幾千萬的大宗商品來說，買房根本沒有試錯、犯錯的機會，否則一不小心的話，要麼就是高位接盤，砸在自己手裡；要麼就是買到了問題樓盤，從而徒增不必要的麻煩和煩惱。因此，再說一次，對於打算買房的家庭，買房前先請教真正的專家或先熟讀本書，千萬不要亂買房子。

　　不管你怎麼想，買房對每個人來說都是一件頭等大事，值得花一點時間去研究、分析。一個正確的好決策會讓你生活的快樂、幸福，並且財富增值；反之，一個錯誤的決策會讓你後悔、懊惱、悔恨不已。做為一個有良心的建商，我很樂意和朋友們分享我的經驗和知識，祝福大家。

3.4 何種戶型的房子最保值？最適合我？

對於一套好房子的標準，很多人都有自己的不同看法，孰不知戶型的好壞，其實也能以下面幾個重點來評量的。接下來就讓我們一起來看看，如何判斷一個房屋的戶型好與壞？

攸關增值潛力，戶型魔力不容小覷

購屋者買房時，關心的議題除了周邊配套、交通及房價外，應該就屬房子的戶型最關鍵了，如果是買來自住的，意味著很多年都要生活在裡面，戶型好壞直接影響到將來的居住舒適度，差的戶型不僅浪費面積，居住起來也十分不便。

好戶型普遍長啥樣？

多數購房者對南北通透的房子深有感觸，除了這方面，如果你買到下面的這幾種戶型，通常也是極好的。

衡量戶型好壞的標準

（1）是否方正？戶型是否方正不僅影響戶型的利用率，還影響今後的裝修和使用。所以戶型的方正很重要。戶型只要方正就可以減少空間的浪費，設計裝修都可以得心應手！

戶型方正不是說房子是正方形，而是整間房子看起來是個矩形，每個房間和功能區的形狀也是矩形，沒有過多的走道浪費，很多房子設計的走道都比較像雞肋，又窄又占面積，連搬個傢俱都費力。

　　（2）通透性：戶型的通透性可以改善家裡的通風性，是一個很重要的指標。戶型的通透性一定要有直接的通道可以讓空氣流通。餐廳和客廳中間沒有遮擋，直接相通。

　　南北通透的房子即客廳、餐廳南北相通相連在一條直線上，中間無遮擋物，如果是客廳朝南餐廳朝北就更好了。兩臥室朝向一南一北，臥室門正相對，就會有平常所說的「穿堂風」，通風和採光效果都很好，夏天尤為舒適。

　　（3）格局的合理性：格局的合理也很重要，不論是對衛生間的利用還是動靜分離的體驗都非常重要。動靜分離可以讓家庭成員的活動互不打擾，擁有更加獨立的私密空間。也可以獲得更好的休息體驗。

　　大家都知道面寬和進深關係到房間的寬闊度和傢俱的擺放，面寬進深比很多購房者對這個詞還比較陌生，面寬就是房間採光那面兩側牆壁之間的距離；進深就是房間沒有採光一面的深度。面寬大、進深小的房子採光較好，黃金比例是4：6。在戶型方正的前提下，如果你的房子屬於小戶型，可以讓進深稍大一些，提高房間的利用率，如果是中大戶型的房子，可以讓面寬稍大一些，採光和舒適度較好。

　　（4）朝向：朝向也是一個非常重要的考量，朝向好的戶型可以獲得更好的採光體驗。戶型的朝向必須要南北朝向或者東南、西北朝向。

（5）樓層：戶型好也要搭配好樓層，通常樓層愈高採光會愈好。

（6）主建築物中的位置：對於一個好的戶型來說，出現在樓層中的位置也很重要。以三拼的房屋為例，對於位置我們建議選擇西邊戶，西邊戶，可以享受到中午到傍晚的採光，非常舒適；中間戶通常只有單面採光；東側戶只有早晨和中午的採光，下午就會被遮擋。

（7）陽臺位置：陽臺位於客廳的房子，視覺上會顯得房間更寬敞，而且有陽臺的客廳夏天可吹風冬天可曬太陽，平時也可以曬衣服曬被子、養植物，相當於一個擴展出去的空間，非常實用。

買房選戶型是一門學問，如果你有幸選到佈局方正、實用性強的戶型，不但自己享受到了居住舒適度，將來房子不住了還能升值，更容易出手。

考慮戶型的功能配置是否合理？

確定居室之後的第二步就是考慮各個功能的房間配置是否合理，這個當然也與每個家庭的需要有關。而一個好的戶型設計，一般應做到以下幾點：

（1）建議「動靜」分區：動區是指活動比較多的區域，包括客廳（起居室）、廚房、餐廳，其中餐廳和廚房應該儘量互相緊臨，並靠近住宅入口。

靜區包括主臥室、書房、兒童臥室等，私密性較強。如果有雙衛浴間，帶盥洗設備的衛浴間應該靠近主臥室，或者與主臥室內部連通，

另一個則應該與動區相連。

（2）客廳（起居廳）應開敞、明亮：客廳（起居廳）的面積不要小於 4 坪，三口之家的客廳（起居廳）的面積 7 坪較為合適，太大也不合適，經濟上不合理，而且過大容易失去溫馨感、親和感。

還要注意客廳的寬度一般應在 3.3 米以上較為適宜，至少也應滿足 3.3 米。如果客廳與陽臺相連，有比較好的視野，能夠看到戶外景觀，能夠引進自然光，陽光照在沙發上的感覺會很好，客廳內的開門也不宜過多，否則不好擺放傢俱。總之，客廳是一套房子的門面，也是休閒、娛樂、團聚的地方。

（3）臥室應注重私密性：臥室應該注重私密性，與動區避免相互干擾，主臥室面積不應小於 4 坪，5 坪較為合適。三房以上的住宅有單獨與主臥室相連的衛浴間。其他臥室的面積可以稍小一些，臥室之間儘量相對獨立，否則生活會非常不便。

除了戶型，房間數量也很關鍵！

買房子格局選擇很關鍵，不是越大越好！選擇格局的關鍵是考量你的生活需求，不同的購房者有不同的生活需求。下面就告訴您選擇格局的小技巧。

（1）確定居室（房間）：選擇格局要先確定居室（房間）的數量，也就是我們平常說的家庭私密空間。居室指居住的房屋或寢室，當然在同樣的居室中根據臥室的搭配又有所不同。選擇居室與個人的經濟承受能力和購房的目的當然是有關係的，但主要與家庭中的常住人口

數量有關係。

（2）**暫時沒有結婚打算的單身族**：暫時沒有結婚打算的個人買房，可以選擇購買一居室，經濟實力強一點的可以選擇小兩房，這樣的選擇是比較實用，且經濟壓力比較小，即使有充裕的資金，也可以將多出來的資金用於創業，而不必全部壓在房產上。同時兩房格局的房子在當前的高房價及單戶人口銳增下（2022 年的家戶平均人口數是 2.59人），需求最大，也最容易變現。

（3）**兩口之家**：兩口之家的年輕人買房，選擇兩房的規格是最洽當，除了兩個人足夠居住，將來有了孩子，一段時間之內也不必換房，另外，這種房子也比較好轉手，彈性十足！如果經濟條件較差，也可以選擇一大房格局。

（4）**三口之家**：三口之家選擇三房格局，因為孩子需要有獨立居室，而且一般還需要有人照料孩子，同時三口之家很多都需要照料老人，要考慮老人來家居住的情況。三房格局的調整性能相對要差一些，但三口之家買房一般要考慮居住的長期性，儘量是一步到位比較經濟。

（5）**超過三個人以上的家庭**：人口更多的家庭理論上應該選擇更大的房子，但其實**分房而住、同棟不同房也是一種不錯的選擇，也就是分別購買同一社區裡兩處面積較小的房產**，從總價來說和選擇更大的房子相差並不大。如果家庭成員的生活可以分別自理，分開居住對雙方都更好一些，距離可以選擇靠近一些，這樣方便探視，即使在同社區內分房居住也比在同一房子居住要好。

3.5 擁房新途徑——
年輕世代想靠繼承擁房可行嗎？

繼承漸成長輩房產移轉的主流，但根據內政部的全台房屋繼承、拍賣及贈與移轉量顯示，這 10 年來今年全台房屋贈與移轉總數大致持平（全台大致都在 4.4 萬戶上下，110（2021）年隨著房價向上，「法拍數減少」，「繼承數量則逐年則持續增加」（參見圖 3-5-1）。

圖 3-5-1

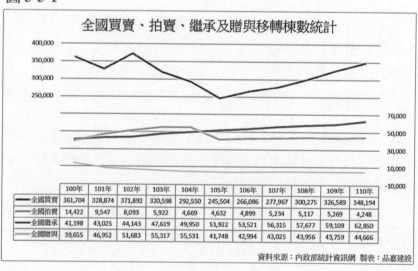

全國買賣、拍賣、繼承及贈與移轉棟數統計

	100年	101年	102年	103年	104年	105年	106年	107年	108年	109年	110年
全國買賣	361,704	328,874	371,892	320,598	292,550	245,504	266,086	277,967	300,275	326,589	348,194
全國拍賣	14,422	9,547	8,093	5,922	4,669	4,632	4,899	5,234	5,117	5,269	4,248
全國繼承	41,198	43,025	44,143	47,619	49,950	51,922	53,521	56,315	57,677	59,109	62,850
全國贈與	39,655	46,952	51,683	55,317	55,531	41,748	42,994	43,025	43,956	43,759	44,666

資料來源：內政部統計資訊網　製表：品嘉建設

將房產以遺產或贈與方式留給兒女？

　　根據內政部戶政司統計，國內近兩年，每年死亡人數已多於新生嬰兒數，隨著人口死亡交叉出現，外界也預估高房價區，年輕人「等房」的風氣會更加盛行，繼承移轉量恐怕還會持續增加。而從近期的發展情形可以看出來下列幾個現象：

　　（1）房市過去 10 年沒有惡化，淪為法拍的房產從 100 年起即逐年遞減，104 年起呈穩定狀態，「**110 年房價飆漲，法拍數量更減**」。

　　（2）贈與數量從 100 年起即逐年遞增，104 年達到高峰，之後（105 年起）快速減少，105 年後則保持 4.2 ～ 4.5 萬棟的穩定數量。

　　（3）繼承數量從 100 年起即「逐年遞增」，迄今走向未變，這也顯示民眾「藉由繼承來減少稅賦」的普遍心態。之所以如此，這種情形應該和當前的房屋移轉稅賦太高有關，因為**若以贈與方式辦理房產轉移時，除「不得適用自用住宅優惠稅率」，而需「多繳不少土地增值稅」外，恐怕還要「補繳不少的贈與稅賦」**。

　　當前國內呈現房價太高但所得卻停滯不前的困境，年輕人買不起房，因此有很多父母在思考到底應該提前將房產轉移給子女，或留待百年之後再由子女以繼承方式來承接較為妥當？

　　品嘉建設在承做危老改建時就碰到不少住戶關心這樣的問題，也就是改建之後的房子究竟如何登記？基於稅務上的節稅考量，建議應儘量「避開贈與方式」，一來以贈與方式除要繳納不少的贈與稅額外

（超過法定贈與額度以上部分要繳納 10% 以上的贈與稅賦），另外土地增值稅部分仍需按一般稅率繳納，而「排除了自用住宅優惠稅率的適用」。

因此筆者建議，房產在產權處理（不論是否有改建）上仍以「登記父母（原老屋所有權人）名義」為宜，待百年之後再由子女繼承，這樣一來可以省掉巨額的稅賦（只繳遺產稅而不需繳交土增稅與贈與稅），另外，也因保有不動產而可以「獲得更多的兒女孝順」。但若父母居於其他考量，仍**希望將改建後的房產登記在「特定」子女名下，那麼建議則以「透過買賣完成轉移登記」為宜**，若子女收入不夠或尚未成年，父母仍可藉由事前規劃逐年贈與（資金或產權），之後再透過親屬間較特殊的買賣契約（按土地公告現值及房屋標準單價）完成買賣交易，這樣的做法除仍得適用自用住宅優惠稅率外，也可以依父母的意願做好房產的轉移及避開日後子女間的財產爭奪。

繼承「等房」，成為年輕人的投資新管道

繼承「等房」成為部分買不起房的年輕人擁有房子的新途徑，然而，萬一父母年邁後要「以房養老」，或僅一間房屋，但子女若有好幾個，此時將導致分配不均等爭議。

根據繼承與死亡人數的比例統計，平均每 10 個人死亡，大概就會出現 3 件的建物繼承移轉登記，以 111 年上半年建物繼承移轉登記共 31,867 棟，創下歷史同期新高，而今年上半年的死亡人數也超過 10 萬

買房這件事……

人，統計死亡人數與繼承移轉登記數量，**繼承與死亡人數的比例約為 30％～33％**，**也就是平均每10個死亡人數，就會產生3棟的建物移轉**。

換言之，年輕世代想靠繼承擁房可行嗎？

筆者發現，現在的80世代年輕人多半自覺買不起房，很多想透過繼承來擁有房產，但是問題是他們的父母都還健在，離可以繼承的時間還很久，反倒是他們父母都願意把他們自己從父母處繼承來的老房子，移轉給兒女，只是這些祖父母輩遺留下來的房子多半是老舊的房子，這些房子的安全性、居住性都不理想，在市場上賣出的價格在未來也未必好，那麼這些8、90世代的年輕人買不起房怎麼辦？他們怎麼想？

1. 住在都會區的原生家庭年輕人

（1）有父母贊助買房的「幸運族」：他們覺得要繼承父母的房子，可能得等到6、70歲以後，不切實際，因而寧可請父母贊助，資助買房的部分或全部頭期款。也有一些幸運子女，受到父母的極端疼愛，父母財力也夠，因而由父母直接全額出資代買。基本上，**年輕人能真正靠自己能力支付全部房款的比例，真的愈來愈少**。

（2）有些子女，確實有機會繼承長輩（多半是祖父輩、少數是父母輩）遺留下來的房子，因為繼承的房產多半很老舊，這些「棒棒族」的想法是：1.房子座落地點比較好的：把老房子出租，租金用來充抵買新屋的房貸（或部分），老屋再留待以後再伺機改建。2.把舊房子賣掉，賣掉的錢來抵付買新屋的部分房款。3.把舊房子重新拉皮、

換管線，重新整修裝潢，供自住或出租。但老房子的骨質疏鬆毛病（結構強度不足）仍難以解決。4.繼續住在老房子裡：尤其是經濟能力稍差的低薪族群，他們沒辦法脫貧。5.藉都更改建以舊換新：這算是最幸運的族群，但隨著近期改建費用的大幅增加，「改建後分回坪數會變少」，也會使都更改建難度增加（成功率變少）。6.將房產賣掉：尤其是產權複雜（繼承人多）的房產繼承，賣掉老房子由繼承人依持分比例分配現金。

2.原生家庭在非都會區的年輕人

通常在非都會區的房產因需求不強，甚至乏人繼承。這群人最苦命，一切都得靠自己，如果留在城市裡工作，他們就得面對高不可攀的房價，在高房價的捆綁下，財務上很難脫困。

總觀來說，處在房價高漲的當下，年輕人該怎麼做才能擁有自己的房產？

筆者估計以老屋改建解決當前房價過高的問題將為可行，但是可以預見的是，除非政府的房產政策有所調整（如，進一步放寬容積率、獎勵上限），否則未來改建，**在興建成本不斷增加下，原地主的分回將愈來愈少**，這也是民眾在考量自己的老屋改建時應該有的認知。

3.6 六大黃金屋——
增值潛力最大的優質房

經常聽到專家說，過去這些年伴隨著台灣房地產不斷突飛猛進發展，很多城市的房價都翻了幾番，因此閉著眼睛買房都可以「躺賺」。更有人說，「買房才是積累財富的最佳手段」。

房地產是「穩賺不賠」的生意？

老一輩多半都認定「有土斯有財」，故而均認定房地產絕對是「穩賺不賠」的生意，但我認為，服膺上述理論者的根本原因是，房地產早與大環境的經濟局勢深度捆綁，不管何時，房地產都是國民經濟的支柱產業，所以才會讓一般人擁有投資買房肯定「穩賺不賠」的想法。

正是由於這種觀點，過去這些年，我國房地產市場的投資炒作氛圍才那麼激烈，有錢人名下縱然已有多套房產，卻仍樂此不疲；沒錢人即使借貸、啃老，也要買房。但殊不知這些鼓吹「閉眼買房，穩賺不賠」的觀點其實已經不再正確，而且害慘了很多購房者。

首先，房價上漲確實帶來了房產「紙面財富」的升值，但絕大多數人買房都是用來居住，不可能把房子賣掉套現；其次，正是由於聽

信了很多專家的大肆鼓吹言論，把一些買房賺錢誤認為是「適用任何城市」，所以很多人盲目購房，導致最終買到的房子不僅不是自己喜歡的，而且並不具備升值價值。

房市未必永遠處在上升通道

再者，過去我們所有人都處在一部「上行」的電梯中，投資買房獲得的巨額利潤，也是時代發展賦予個人的一部分紅利。但是，隨著我國房地產進入新的發展階段，人口轉移、購房主力人群、購房需求、個人喜好、房價成本等方面都發生了本質變化，**過去放諸四海皆準的買房法則，在未來可能並不一定適用。**

那麼，未來 10 年什麼樣的房子會更受歡迎呢？未來 10 年，這 6 類房子將成為「黃金屋」，不僅住著舒服，還能升值賺錢。

（1）捷運房，優勢依舊在。看一個區域的房子能否保值，是否有升值的潛力，我認為還是要看這個區域的交通設施，而現在各大城市的主要交通工具一定非捷運莫屬了，所以說就算是位於郊區的房子，只要捷運交通方便，就一定升值快。

（2）學區房，升值潛力大。很多家庭自從有了孩子之後，整個世界的中心都是圍繞著孩子，在這種大環境的前提下，好學區的房子不管在什麼時候都是非常緊俏的，但是學區房一直以來都是比較稀缺的，所以在「物以稀為貴」的華人地區，這樣的房子只會升值不會貶值！

（3）精華市區（核心區域）新建的高規格住房。地段對於一個房子的價值影響非常大，作為熱點城市市中心（核心區域）的房子，其

價值本身就不菲，地段對於房子的重要性不言而喻，房產大亨李嘉誠先生曾經有一個著名的理論叫做「買房三要素」：他一再強調購屋的關鍵就是地段、地段、還是地段。其中的道理很簡單，市中心的房子由於各項配套完善，人口集中，所以，貶值的可能性會非常小。但是大家也都知道，大城市市中心大部分房子都是老房子，雖然價值高，但是居住舒適度卻不佳，並不受年輕人喜歡，甚至有不少經濟條件比較好的居民，會選擇搬離出這些老房子。所以這些老房子若不能完成改建，未來並不見得會受歡迎，更多的是出租給租客居住。

而在市中心「新建的高規格住房」，未來可能成為「黃金屋」，因為市中心新建的社區本身就非常稀有，**有好的地理位置和完善的周邊配套、社區優美的環境和漂亮的外觀，再加上房子的高規格建築標準（尤其是這幾年興建符合耐震、智慧宅、綠建築、無障礙空間的「適老化」設計）的新型建築，這對於人們來說是非常理想的居宅，這些都是非常稀缺的資源。**所以這類房子會越來越受人們喜愛。

過去「這一類型的住宅，幾乎都是以高價位在市場上銷售」，近來有些公司則希望顛覆市場的傳統價值認知，一律以上述「高規格」和「中價位」來推出好宅應市，相信漸漸地，「住好宅不再是普遍民眾的「夢想」，而是一般人都「能力可及」的生活目標」。

（4）鬧中取靜，靠近湖泊、公園。現在的城市幾乎就是一座鋼鐵水泥森林，像湖泊和公園在城市中就如同一顆又一顆綠寶石一樣鑲嵌在城市裡面一樣，在城市中，湖泊和公園也真就如寶石一樣珍貴稀有。

公園和湖泊一般是城市中最理想的休閒鍛煉的好地方，這裡空氣

清新環境優美，而且相比於喧鬧的城市，這裡清幽寧靜。所以，在城市中靠近公園和湖泊的房子也一樣非常珍貴，深受人們喜愛。住在這樣的社區，自己和家人出門就可以去公園湖泊邊休閒鍛煉身體，暫時遠離車水馬龍的城市，融入大自然之中。

如今，在城市中奮鬥的年輕人壓力都很大，生活節奏也快，下班以後如果沒有地方舒緩一下，很容易造成身心俱疲。這個時候，城市公園的重要性就顯現出來了。如果下班以後，吃過晚飯，在公園裡散散步，吹吹風，壓力也可以緩解一大半。對老年人亦然，城市公園也是老年人的"遊樂場"，在城市公園，老年人可以健身、跳舞、散步、交朋友等等，不亦樂乎，所以，城市公園的重要性不言而喻。

（5）養老功能齊全。去過日本的朋友應該都注意到了，日本現在的很多建築都特別注重適老化設計，樓道、客廳、臥室、衛生間、廚房，任何一個區域基本上都有細緻入微且非常適用的扶手、緊急呼救按鈕等適老產品。根本原因是日本已經進入"深度老齡化社會"：2020年末，日本65歲以上人口比例居全球首位，占全國總人口28.7%。

台灣於2025年也將步入「超老齡化社會」，未來10年我國大受歡迎，能成為「黃金屋」的房產類別中，也一定有「養老功能齊全的房子」這一類別。原因很簡單，我國老年人市場的需求也在不斷擴大，尤其是作為居住的房子，更是應該全面適應老年人的使用需求。

未來10年，隨著我國老年人口不斷增長，老年人對住房的適老化需求也會大大提高，所以未來「養老功能齊全」的房子必將大受歡迎，成為黃金屋也是趨勢使然。**像筆者就有不少朋友表達他們對都會區養老**

房的殷殷期盼，他們希望年老後居住的房宅具備齊全的養老功能，房子不再求大。

（6）**物業管理能力強的品牌社區**。這類房子有兩個硬性條件：其一是物業管理能力強，其二是品牌社區。物業管理能力的好壞不僅影響到全體居民的居住體驗，還會在一定程度影響房屋的市場價值。

為什麼是品牌社區？首先，現在的購房者普遍比較認可開發商的品牌知名度，品牌溢價是一方面，更重要的是品牌開發商更注重口碑，所以在房屋開發建設時也會更關注房屋品質。像我們公司也已經設有售後服務部門，對我們售出的房子提供終生的維修及保固服務。

小資族如何追求財富？
胡偉良的買房故事 ──
有知識和沒知識的買房差異

　　今天的我已經被媒體定位爲「房產專家」，我的文章廣泛的流傳在各大媒體版面。但是大家可能不知道我的前幾次買房經驗都是以失敗告終，不但沒賺還虧了不少錢，而且還是在房地產景氣不錯的年代。

第一次：高價買進，景氣谷底賣出

　　記得我的第一次買房，買的是位在台北市天母東路上七層電梯華廈的4樓戶，會買那間房主要是經由同事介紹，買了他住家直上方的房子，格局完全相同，但權狀坪數卻足足比樓下多了5、6坪，折換下來單價當然比樓下便宜了許多，在貪便宜的心態下毅然買進，卻因爲離上班地點（台北市區）太遠，而沒有前往居住，因此選擇了出租房子，租給一個當時在 ICRT 工作的老外，因爲位置離市區較遠，因此租金也不高，租了幾年後覺得很不划算，就決定賣出，卻因爲房子虛坪太多（因爲當時的建商把大部分的公設和土地都灌進這間房子），結果不僅難賣、賣出去的價格也不高，這次的交易是在買入並持有5年之後賣出，虧了3成多，也學到了第一次的房產教訓。

　　首先，同樣的格局，權狀坪數多未必是好事；第二，同樣的格局，土地坪數多未必是壞事，但你要懂的「用途」；第三，一生一次的自用住宅優惠稅率不要隨便用，那一次的使用只讓我省下了幾千塊，就把我的「一生一次優惠」給用掉了，多年後上百萬的土增稅卻已無配額可用，有夠懊惱；第四，因爲沒有房產期的概念，導致把房子在週期的谷底賣出，而錯失了一年後房價的暴漲。

第二次：買下缺乏生活機能的偏郊宅，賠本售出

第二次的買（換）屋買在半山腰的新店五峰山上，是當時的山坡地豪宅，買的原因是因為喜歡那樣的自然景觀和豐富的公共設施，卻疏忽了除非自行開車，否則當地交通極不方便的缺失，再加上潮濕，住了幾年，就決定遷到山下。這一次買賣又是大虧，23萬一坪買進，16萬一坪賣出。得到的教訓：買房子不可以買山明水秀的風景區，**偏郊的房子只能租，而不適合買，因為生活不便。**

第三次：買（換）房有進步，但增值性不夠

第三次的買（換）房走向市郊河岸邊，買進價22萬一坪，迄今住了20年，和20年前的買入價相比，房價漲了1倍（45萬一坪），看似不錯，但是倘若當時我買的是市區蛋黃區的房子，那麼除了省下大量的交通通勤時間，房價的上漲率更是高達2倍以上，也就是當年若買市區，我當年的花費（2000萬），現在的市值應該在8千萬上下。這次得到的教訓是：除非你打算不換房子，否則愈是蛋黃中心地帶，日後房價漲幅愈高。

就是因為這些屢戰屢敗的戰績，加上看到建商厚利又不負責任的一面，讓我決定認真鑽研房地產，並進而投入業界，進入江湖。

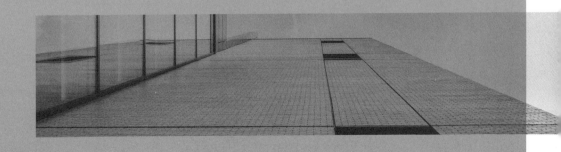

4.1 我是中產階級，我要「脫貧」？

長期來講，台灣的經濟持續穩定發展已成必然。但是從短期來看，我們還是會經歷種種危機。特別是中產階級，因為自己身處的特殊環境，在接下來幾年很容易讓自己過去的努力功虧一簣，重返原點。

我是「中產階級」嗎？

隨著社會的 M 型化發展，大量的中產階級正在消失中，除了極少部分得以向右晉升外，絕大多數的中產階級或將會遇到「返貧危機」，這並不是危言聳聽。因為經濟發展的軌跡永遠都是波浪形的（參見圖 4-1-1、圖 4-1-2）。

不同國家、不同機構間會有不同的界定，但大部分都以年收入來界定，總結而言，在台灣月收入在 6 萬元新台幣以上的群體屬於中產階級。從一般狀況來看，中產階級大多從事腦力勞動，主要靠薪資收入謀生，一般受過良好教育，具有專業知識和較強的職業能力及家庭消費能力；從經濟地位、政治地位和社會文化地位上看，他們大約居於現階段社會的中間位置。換句話說，收入穩定、有房有車、有較好的生活標準、能夠在節假日享受休閒生活、有一定的中高消費能力，這些都是中產階級公認的標配。

小資族如何追求財富？

圖 4-1-1

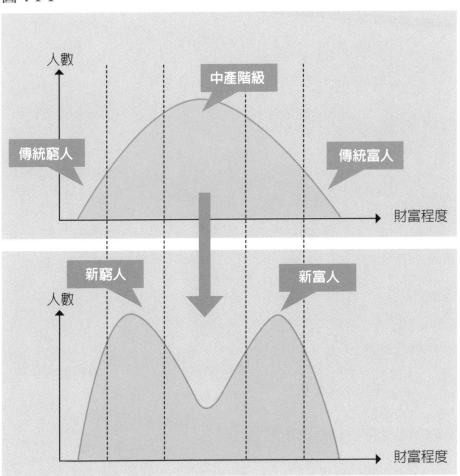

資料整理、製表：品嘉建設

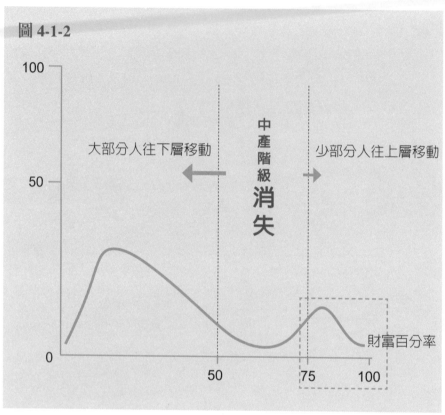

圖 4-1-2

大部分人往下層移動

中產階級 **消失**

少部分人往上層移動

財富百分率

資料整理、製表：品嘉建設

屬於「中產階級」的煩惱

中產階級的焦慮還表現在養老、醫療等方面。中產階級大部分都是房奴、孩奴、職奴。他們生不起大病，買不起貴重東西，讓中產階級變成了「中慘階級」。

（1）理財焦慮：怕失業、怕通貨膨脹、怕資產貶值

（2）支出焦慮：房貸

許多中產階級的焦慮其實源於對開支的焦慮。中產階級表面上看有房有車，有不錯的生活，但對於大多數人來說，扣除房貸、車貸、信用卡還款之後，每月收入難有節餘。

中產階級爲何會遭遇「返貧危機」？

隨著新冠疫情帶來的通貨膨脹、能源危機、俄烏衝突等等一系列黑天鵝事件讓我們應接不暇、疲於奔命。

參考多方資料，**筆者判斷 2023 年開始，美國經濟可能會出現嚴重衰退**，而且形勢比目前市場預期要嚴峻得多。台灣做爲一個和美國經濟緊密連結的海島經濟體，我們很難不受影響。在面對種種危機時，爲什麼只有中產會遭遇「返貧危機」呢？

那是因爲富人的根基強大而穩固，不存在返貧的可能，受到的影響無非就是財富數字的多少而已。而**中產的財富大部分集中在房產上，只能看不能吃，在「遭遇危機時是很容易返貧」**的。有一類中產階級人一生中規中矩，從上學、畢業、就業，凡事都按部就班逐步發展。在工作上，他們不敢跳槽，也不願離職，努力打拚十幾、二十年後，終於讓自己步入到中產階級。**他們「生活的一帆風順」，沒有經歷過人生的風吹雨打、安於現狀，也因此，「沒有應對外界環境變化的能力」**。因此，一旦出現降薪、失業等危機時，在面對上有老下有小、房貸、車貸等窘境的情況下，他們很有可能就會無所適從，甚至一蹶不振。

另一類中產則是命好，子承父業，或是依靠兄弟姐妹、親戚朋友的幫助，從買房、結婚、生子，靠著有限的薪資，被動地過上了中產階級的生活。

但是這樣的人能力不足、圈子不大、人脈不廣，更經不起危機浪潮的折騰。所以一旦遭遇返貧危機時，就會像熱鍋上的螞蟻，沒有任何解決辦法和應對能力，只能夠「坐吃老本，等老本吃完了，也就返貧」了。

上述的中產階級，因為認知不夠、根基不強，再加上在面對危機時，他們往往又會很容易亂了手腳，從而讓自己更加被動。

中產階級如何應對未來的危機？

既然知道自己未來會有返貧的危機，那麼中產階級要如何克服這的危機呢？

首先，要強迫自己跳出舒適圈，不要安於現狀，強迫自己去「多方學習」，除了繼續強化自己的本職能力外，也要「投資自己，提升收入」，像：發展自己的其他專業技能（當前社會上就有太多這樣的專業工匠職缺或兼職工作），甚至努力地去找一份這樣的副業。那麼即使哪一天自己真的失業了，也不用擔心會影響到自己的生活。

再者，就是千萬不要胡亂投資，這幾年花錢容易賺錢難。如果你還只是個年輕人，那更應該「延後你的消費」，「避免讓自己沉迷於享受」，這個階段，從事積累最重要。尤其，

（1）切勿投資自己不懂的行業。

（2）天上不會掉下免費的餡餅，「越是暴利的行業越要小心」。

（3）凡是「涉及金錢的事情，更要三思而後行。」

投資自己就能達成財富自由？

很多人會好奇，投資自己能讓自己十年後財富自由嗎？說實話，有可能，但卻不是一定就會成功。雖說無法一定實現財富自由，但是投資自己，一定可以讓自己在十年後不會陷入窘境。人生的順境，不僅僅需要靠努力，還需要靠一些運氣，而人生的逆境，往往是自己導致的。

很多人說，自己很慘，一輩子因為運氣不好，沒有賺到錢。而現今的時代裡，賺不到錢已經和運氣沒有太多關係了。原因是網際網路時代的資訊透明，導致付出和回報相匹配。這也就代表，如果你真的有能力，是完全可以賺到錢的，懷才不遇的機率越來越低。即便沒有人慧眼識英雄，自媒體都可以成為你的出路。這種大背景下，最好的投資，一定就是投資你自己。

不論是投資你的認知，還是各方面的能力，即便是學一門手藝，**「凡是精通了，一定能帶來財富效應。」**種田的，可以上透過增加生產工具，學習生產方法，達成量產，增加收成。養豬養牛的，都可以透過科學的方式進行管理，增加產量，縮短育成周期。即便是沒有很高學歷的人員，只要願意努力，經過訓練和學習後做那個行業，至少也能賺到不錯的收入，吃點苦、累一點又算什麼。

這個時代賦予人們很多的機會，但前提是你要有匹配的能力，去把握這種機會。越往上層的機會，需要的能力就越多，能夠適合的人也就越少。

投資自己，也就是為了讓當下的自己脫穎而出，讓未來的自己能夠有立足之本。

在財富圈裡，永遠記住一句話「你若盛開，蝴蝶自來。」

在通膨下，中產階級該怎麼自處？

作為一個再平凡不過的普通人，其實我更傾向於鼓勵大家掌握一門"能持續創造收益"的專業技能，俗話說得好，「一技闖天下，技多不壓身」。

天道酬勤，努力讓自己成為某一項目的頂尖份子。每個行業都一樣，沒有人能隨隨便便就獲得成功。不要去羨慕一些職業遊戲玩家年薪幾百萬，更不要嫉妒一個自媒體主播一晚能收到多少禮物，你在任何一個行業只要能夠做到頂尖，都是很了不起的。

每天朝九晚五上班，下班回出租處叫外賣，追劇打遊戲，年復一年，日復一日，然後天天在電腦面前罵高房價，並不能改善現況，也就是沒有任何實益。

說高房價阻礙了理想跟追求，說高房價阻礙了理想的實現。這樣的人，唯獨不會反省一下自己。三流人才混一線城市，不累才怪。但是當你真正定下了心，並有能力留下時，不經意間，你已經成長為一

流人才，完成逆襲，這或許才是你應該勉勵自己去做的事情。

所以現階段，好的資產配置要做到以下幾點：

（1）做好資產配置

（2）降低儲蓄比例

（3）股票配置建議更多元化

買房迄今仍是中產階級最佳的存錢方式，也是避免被通膨收割的方法之一。我是反對炒房的，也從不鼓勵和支持炒房，但是我是贊成「沒有好投資管道」的「中產階級」利用「槓桿」來「長期投資」房產，因為沒有其他的資產具有這樣的「槓桿」效益，至於目前收入還在平均水平下或在一般中小企業、新創企業就業的普通人，筆者則建議仍宜以「租房」為主，因為買房會帶來太大的現金流壓力，所以，若收入不夠或不穩定，買房反而會讓自己生活的痛苦。

但是若條件夠也有需求，就應該勇敢的去買，房產除了供居住之外，還有抗通膨的效益，因此，還沒買房的要懂得利用政府此一「打炒房」的好時機，勤看房，伺機買進能隔音減噪、耐震能力較佳、具備無障礙順平設計、具備智能、智慧設備的「好」宅，那麼雖然房價較以前蓋的房子稍微貴了一些，但因為房子的建築規格更高，而更適合擁有和居住。

如果能擁有 2 間房子時，一間自住，另一間房子可以用來出租，帶來被動收入，而且隨房子增值，資產也不會貶值，堪稱啞巴兒子，

還比養兒可靠。

（4）投資好產業的龍頭公司。投資現金流優秀且有成長性的公司。選擇那些戰略產業和拉動內需的行業，比如有創新營運模式的房地產建商、AI、硬科技、新能源、新基建等行業的行業領頭羊。

（5）培養專家（工匠）級的一技之長，或成為某一項目的精英。

以上建議雖然可靠，但並不適合所有人，尤其是第 2、3 條，所需資金門檻不低，以都市圈核心城市的優質房產為例，可能全國只有不到 5% 的人才有能力去購買。

中產階級的求生、致富之道

未雨綢繆的道理人人都懂，但真要做起來往往就很難。任何資產的一輪牛熊經歷，聰明的人都賺到了錢，笨的人則是面臨巨大的損失。經營錢的生意，本身需要在某個領域精通規律和週期，明瞭其中的投資機會，通過投資的方式參與進去，在最快最短的週期內賺到錢，然後全身而退。

當然，做好投資不是一件容易的事，需要有好的投資理念和素養，這些都需要你持續學習才能慢慢積累。

建立必要的認知系統

你永遠賺不到超出你認知範圍之外的錢，除非靠運氣，但你靠運氣賺來的錢，往往不靠譜，遲早你又會因為實力不足而輸掉。

　　（1）學習富人的致富之道。

　　首先你要勇於融資、借貸。很多有一定資產的人往往都深諳一個道理，「負債就是財富。」這也是窮人和富人的差距之一。

　　原始本金的積累，大多是依靠勞動和智慧，而財富的增長，大多時候是依靠選擇和投資。

　　再來是培養富人思維，須知窮人和富人最大的差異就在於思維。不知道你有沒有發現，**富人大多擁有自己的公司，富人透過公司直接進行市場化運作，自己擁有了大部分收益**，當然，在獲得收益的同時，也要承擔比較大的風險。而窮人打工雖然沒什麼風險，但卻把自己的時間打包賣給了富人，把自己的大部分工作收益都給了富人。

　　我在這裡並不是要鼓勵大家創業、成立公司，因為創業成功並不是一件容易的事，真正創業成功的機率甚至不到3％，在這裡要說的是：**成立公司以訓練富人的市場化心智模式**，而打工（領薪水）的窮人則因為缺少這樣的心智模式，而難以致富。心智模式說的直白一點就是「思維模式」，這也是窮人和富人最大的差異之一。

　　心智模式（認知）是一個人擁有財富的基礎，認知是靠積累的，和運氣無關，所有人的認知都是點點滴滴一步步積累起來的。**人的一生中會有很多次財富機遇，但要抓住財富機遇則需有本金的積累**。而本金的積累往往是辛苦的點點滴滴積累，是做加法的。之後，透過一

次又一次財富的把握，迅速的成為富人，這個階段財富的增長則是做乘法的。

只有完成了認知和原始資本的積累，才有資格去抓住機遇，讓財富去做裂變。處在通貨膨脹的危機下，很多「偽專家」會勸你保守，持盈保泰，這樣的說法對嗎？

我認為完全錯誤，念過經濟的都知道**通貨膨脹對債務人是有利的；反之，對債權人和把錢存在銀行的人是非常不利的**，因為通貨膨脹讓資產、物價都變貴了，你不避險、不買資產，你會發現你愈來愈買不起，這時候你不投資，沒多久，你會現你銀行存款的購買力已經愈來愈差。

（2）勇於融資、借貸。做為中產階級的你，此時應該小有資產，你有少量的銀行存款，或是已有一棟房子，貸款已經還的差不多，如果是這樣，那我要鼓勵你增貸，並且把貸款來的錢利用這個時機做好投資。

很多有一定資產的人往往都深諳一個道理，「負債就是財富。」這也是窮人和富人的差距之一。

透過合理的借貸，合理的融資，合理的槓桿，可能會使人在累積財富的路上走得更快、更順暢。人生的財富增長差距，體現在兩個時間。第一，在財富（資產）普遍上漲的時候，合理的融資槓桿，讓財富增長得更快。第二，在財富（資產）普遍縮水的時候，合理的規避風險，讓財富有效的保值。

很多人誤認為，富人和窮人的差別，在於**富人只是懂得什麼時候要加大投資，什麼時候要保全財富，其實富人能逆勢而為賺到錢。**

（3）原始本金的積累大多是依靠工作和智慧，而財富的增長則是依靠選擇和投資。經營錢的生意，面對的無非就兩點，一是收益，二是風險。該放大收益的時候要懂得放大收益，該規避風險的時候要懂得規避風險。但當你還沒有擁有資產的時候，你更應該保握機會去獲取資產，而不是因為有風險而放棄機會。

4.2　年輕世代的生涯藍圖、購屋規劃——幾歲的時候，你該做什麼事？

曾在報章雜誌上看到一篇報導，記載副總統賴清德先生南下到成功大學與學生舉辦座談會，暢談未來世界將面臨的挑戰，並當場詢問學生們未來想做什麼？結果竟有42%的學生想做「躺平族」，結果讓他很傻眼……。台灣排名前幾名的國立大學學生素質尚且如此，其他可想而知。

為什麼會產生內捲、躺平現象？

近期在年輕人間流行有關工作的兩種說法，一是「內捲」，二是「躺平」。

內捲是對外的，指的是努力無限上綱，沒有盡頭。「內捲」（Involution）最早由美國社會學家提出，乃「進化」（Evolution）的反義詞，基本上是一種對內演化現象，指文化模式到達某種形態後，既沒有辦法穩定下來，也沒有辦法轉變為新的形態，只是**不斷內耗，原地打轉，無法創新，變得平庸**。

內耗，則是當我們在處理外在的激烈競爭下，精神和心理上的問題卻越來越凸顯，比如焦慮、抑鬱、孤獨感，於是我們不得不騰出精

力和時間來安撫內心，所以內耗是對內的。

其實內捲、內耗這兩者都是資訊時代的必然結果，因為資訊太透明了，管道太公開，所以利潤空間就愈來愈少，甚至沒有了。

在各種因素的堆疊下，房價愈來愈高，大多數的年輕人對買房感到絕望，也因為買不起房，因而對結婚生子產生畏懼，台灣當前的生育率已居全球之最，甚至引發了國安危機。

不久之前美國最大的房產平臺 Zillow 發佈的一份研究報告證實：房價和生育率之間確實存在著極強的負相關關係！在華人地區則還影響到結婚。要讓普通民眾能擁有自己的房子，其實在全世界都不是一件簡單的事情，它牽涉到「降低房價和提升所得」。但接下來我想先談談年輕人的生涯規劃。

第一階段：生存

絕大多數普通人出了校門進入社會，這是真正屬於自己能夠掌控的人生第一階段，一個人不再依賴家庭和親友的經濟支援，獨自在社會存活。一般人基本上都是靠自己的工作換取收入，來度過這個生存階段。在有限收入的情況下，遠離負債，降低負債感是當務之急。這個階段最重要，也是最值得投資的是自己，往自己身上花錢，學習，交際，考證照，做人情投資……畢竟「投資自己，目的就是為了提升收入。」大家都是普通人，無論是從事體力還是腦力性質的工作，都算是勞工，都是受薪者；雖說職業無貴賤，但是基於現實的分工不同，不同的職業其收入水準也會不同，作為普通人，對於職業類別的選擇和工作專長的培養，就非常重要。

不同的產業、公司會有不同的產業生存和競爭環境，從而影響到從業人員的待遇和福利，因此**「選擇一個值得投入的好產業、好公司至關緊要。」**

決定了自己準備投入的產業之後，接下來的就是全力以赴，為自己的適任度做足功課，像是：擴大人際網路，考取相關證照，人情投資等，倘若你不是相關領域的畢業生，你依舊可以藉由「重新學習」，來取得該產業的入門門票；甚至進修高階的相關學位，像理工學門的進修資訊相關碩士學位；文法學門的進修管理或法律碩士學位。

除了科技、人工智慧、程式設計、演算法之外，跨領域知識、跨界整合的能力不論對個人或企業，都已經變的愈來愈重要。

畢竟，絕大多數的人都是「從社會最底層的職位，開啟自己的人生之路」。

這個階段，你要做的事是努力奠定基礎，「不要讓自己沉迷於享受」、「不要輕易投資」，要記住人生的第一個財富階段（生存階段），重在務實，遠離負債，注重積累（財富、歷練）。

不同的個體，達到這個狀態的年齡不會一樣，有的人三十多歲還在「啃老」，而有的人還在求學的同時，就已經實現了經濟獨立，甚至直接進入第二階段。不要讓自己沉迷於享受，說句不客氣的，生存階段的人，「好好活著，不求質量，才是現實。」實在不知道自己該學什麼？能學什麼？**「遠離負債，注重積累，好好存錢是最靠譜的建議。」**

第二階段：生活

　　人生的第二個財富階段也就是生活階段，從新人混到老鳥，在特定年齡階段，人生開始發生了**轉變**。奠定了一定的收入基礎，積累了一定的經驗或財富有了積蓄，開始組建家庭，事業趨於穩定的進步，這時就進入了人生的第二個階段，生活階段。這時候有了一定的積蓄，不僅僅是錢，還有人際關係、人情資本，對社會和經濟的運行也有了一定的認知和理解，到這個階段，想在財富之路上有所作爲，就一定需要計劃。

　　要不要買房，爲結婚築巢？以後孩子要上什麼學校？父母年紀大了手上的錢夠不夠用？要不要自行創業……

　　生活階段，「生活的重點在增加收入」，除了「聰明地選對產業與企業」，拿到高薪外；下班斜槓，兼差兼職「增加第二份收入」以累積資本，並開始主動打理和規劃自己的財富，用前瞻性的思維去進行相關的（投資或創業）準備。以買房爲例，在生活階段購置的，用於自住的房子，只是生活資料，沒有流通性可言；房子，因爲有負債，在資產報表上面，只能算是銀行的資產。

　　生活階段，以一個成年男性爲例，大概 30 至 35 歲，差不多這五年時間裡面，會出現「明顯的財富分化，事業分化，和社會地位的分化。」**生活階段，開始主動打理和規劃自己的財富，用前瞻性的思維去進行相關的準備，這很重要。**接下來就是設定目標，給自己定一個目標，比如 5 年之內和自己的另一半實現買房結婚，組建家庭，然後隨著孩子的年齡，爲購置學區房或者教育投資進行準備……，**這個階**

段才是年輕人真正啓動買房的階段。透過第一階段的努力投資自己，這時要選擇一個值得投入的好產業（當前薪資較高的幾個產業包括：科技、醫療、金融……）和好公司；倘若你過去的學經歷限制你在好產業、和好公司發展，那麼你更需要加倍努力，讓自己成爲這個不是那麼誘人的產業、公司裡面的頂尖人物（前 5%的人才）。

雖然炒房、炒股可以帶來財富，但是除非你是富二代，否則我要強調，「工作才是正財」！「上班單槓，聰明地「選對產業與企業」，拿到高薪；下班斜槓，「增加第二份收入」，並拉出職涯安全網。

正財的目的是提高資金準備率，做投資理財時才容易穩定軍心、長期應變。生活階段實現穩定以後，手上財富也開始進入穩定持續增長的狀態，此時就進入了可能實現「階級躍升」的生錢階段。

第三階段：生錢

客觀來說達到這個階段一般也有一定的年齡了，基本上能進入這個階段的群體，大多在 35、40 歲以後，甚至更大。到了這個階段，生活的重要事項就成了「投資、資產，還有增長」。生活階段，開始主動打理和規劃自己的財富，用前瞻性的思維去進行相關的準備，這很重要。這時候已經有了屬於自己的資產，或者投資渠道，並且能對可能出現的財富增長和風險，有一定的確定性和承受力。

到了生錢階段，是人生財富之路開始踩油門的時候，踩油門以前，摸清楚路況，充分熟悉車況，做好應急方案和應變措施，接受安全教育。真正的投資，特別是成功的投資，都是自己摸索出來的，這個過程中，必然有很多彎路和陷阱，此時要懂得借鑑別人失敗的經驗，提

前預警。在投資這件事情上，交學費、承擔風險、親身體驗必不可少，成功的投資和優質的資產，除了親身體驗外，沒有太多的訣竅。

「生錢階段的資本，不是錢，而是時間和學習」，在這個階段，建立好真正屬於自己的投資紀律和資產邏輯，是最重要也是最關鍵的要務。生存階段和生活階段透過投機發財，短期內獲得大量財富的人，不是沒有，但是基本上都很難維持住財富，只有真正到了「沒有負債，或者負債完全可控」的情況下，才是最成熟的生錢階段。

第四階段：價值的傳承

當然，每個人的際遇和人生都是不一樣的，有很多人會長期停留在以上三個階段中的某一個階段很長時間，但是時間不饒人，無情而冷漠。

不管前面三個階段是否成功，或者有所斬獲，年齡總是會增長，精力會衰退，等到了已經不具備在體力和腦力和年輕群體競爭的年齡，是不是就該認命，根據自己已有的財富安排退休生活了？

到了退休的年齡，即使在財富和社會地位上沒有什麼成就（實際上這是絕大多數普通受薪者的歸宿），但是自己的人生經歷和很多感悟，要有轉化、傳承的思維。現代經濟社會，身處生存壓力和競爭環境，絕大多數年輕人都是在父母忙於工作和競爭的原生家中成長，父母對孩子的身教言教都很難做的很好，那麼此刻最好的就是由有人生經歷的上一輩，來為自己的下一輩，進行認知和財富的傳遞。**把無形的財富發揮和傳承，才是大智慧。**

4.3 致富前的準備與實踐——
年輕世代應該努力的方向

很多人可能搞錯了一件事，這個世界上永遠沒有真正意義上的財富自由，因為財富始終會處於風險之中。即使那些腰纏萬貫，坐擁百億資產的人，也有可能會在短短數年內虧空。

財富是動態發展的過程

假設你設定了一個 10 年計劃，希望自己能在 10 年後達到財富自由的目標，請問接下來，你會做什麼？一般人多半就是著手進行未來 10 年應該執行什麼樣的投資，確保最能賺到錢 ......。

而可惜的是，越是這樣想的人通常越難賺到錢，因為財富公式並不存在教科書式的教條中。財富是動態發展的一個過程，你無法一眼望到十年。

原始資本的積累是致富的第一步

從本質上來看，那些通過投資房產致富的人，之所以能發財，是因為不僅有眼光，還有原始資本的積累。而你和別人的差距，不在於一次投資的機會，而在於基礎差太多。如果財富的階級，是從第一個

100 萬，到 1000 萬，到 1 個億，那你現在可能還沒達到第一級。所以，當一切還沒開始的時候，你連起跑線都沒走到，又怎麼有和別人拼財富的資格，又怎麼去談未來十年最好的投資。

告訴你未來 10 年最好的賽道是新科技，一次新的工業革命，諸如萬物皆可雲端，諸如虛擬現實，諸如新生物科技，你有沒有匹配的認知去做好投資呢？

未來 10 年這些好的賽道，最終是被資本搶佔的市場，你是否已準備好足夠的資本去參與呢？

這個世界上，一直都不存在全民致富的可能性，所以你要去思考，10 年裡你該幹什麼，去實現對和你同階級的人群做彎道超車。

如果你連第一桶金都沒有，又怎麼去談投資。讓你回到 15 年前，告訴你買房會發財，你發現自己沒有錢，你發現自己去借錢都借不到，你又怎麼能抓住這十五年的紅利？

第一桶金的來源？別人怎麼賺到的？

於是你明白了，自己不是富二代，所以要踏踏實實地先賺第一桶金。

而當你去環顧那些財富自由的人，你同樣會發現，**人生的第一桶金，往往也不是靠投資賺來的**。一部分人靠自己的專業能力，靠工作收入換來了第一桶金。

一部分人靠自己的勤勞，堅持不懈，加上一定的時代機遇，賺來

了第一桶金。還有一部分人靠著自己的家世背景，直接由父母給了第一桶金。

沒有人能夠一邊躺平，但卻指望著第一桶金從天上掉下來。

就算是買彩票，至少還要付出買彩票的成本，不勞而獲的事情，真的是不可能的。也就是當你有了原始資本的積累後，我們才能去討論，未來的十年，該做什麼樣的投資、賺錢。

致富之道，認清未來的趨勢發展

隨著時代的進步，當今時代留給大眾去投資致富的路，已經是越來越窄了。而大眾最終又要回歸到勤勞致富、學習致富、思維致富和抓住風口致富的路上。也就是，先學習具備認知，然後找對方向，最後勤奮和努力，實現自己的目標。至於未來十年，我建議大家可朝以下幾個大方向努力：

（1）房價。一線城市（六都中有人口移入和產業支撐的城市）的房價還是保值且抗通膨的。其他城市的房子只能自住，流通不易也不太會增值。

（2）網際網路。所有的東西，都值得用網際網路思維再做一遍。那是因為網際網路背後，是一個巨大的市場紅利。網際網路本身，並不是你上網打打遊戲，看看視訊，瞭解一下新聞，而是一個高效的中央處理模式，屬於萬物互聯。你可以理解為網際網路就是一個平臺，是一個高效的資訊資源庫。

萬物互聯的優勢在於，生產力匹配。

很多人不太理解生產力匹配代表什麼，舉例來說，一個賣衣服的品牌，她在衣服設計之初，不知道衣服的受歡迎程度，會有多少人買。這種情況下，她就不知道要製造多少件衣服，各個尺碼的要有多少。最終的結果就只有兩種，一種是供不應求，賣不夠，再增加生產；另一種是生產太多了，賣不完，庫存積壓。對於服裝品牌來說，第一種肯定是希望看到的，但是也要防範第二種的風險。於是，它對生產數量就會保守估計，那麼總體的生產成本也就會提高。

而網際網路思維則不是這樣，假設流量足夠大，那我們可以通過預售的形式，來確定訂單量，甚至可以透過網路投票的方式，來確定受歡迎程度。

我知道有個公司，就是利用網站採取全民投票的方式來訂定產品的銷售計畫，產品要約獲得投票購買數不足 100 票的，產品就不繼續進行，但公司會贈送有意買者購物優惠券做補償。而投票非常高的，立馬開始做預售，確定訂單量，然後再去進行生產。所以，這個時代，網際網路本身，改變了運營模式。

同樣的，在外賣、餐飲團購、各種家電、電子產品，網際網路滲透在我們生活的方方面面。

可以這麼說，**所有的大眾消費品領域裡，網際網路模式都可以重新再做一遍，變成流量紅利與生產力的完美結合。**網際網路的紅利仍然在不斷發酵，未來十年，依舊是一個黃金期。

（3）高科技產業將成主體產業。今後，從事高科技產業的企業，將會成為最賺錢的企業，從事高科技開發的研發人員，將會成為未來領高薪的人。「掌握知識，擁有大腦的人才」是未來掌控世界的人。所以理工醫類的人才，會是下一世代最大最高薪的職業業種。**商人的利潤會逐步被壓縮，「無商不富」已經過時了。**高新技術的准入門檻很高，可以這麼說，只有頂尖的人才，方有可能介入到這個領域裡。

人類文明發展到現如今的地步，未來就是一個創新時代，高新技術唱主角。技術領域的人才，或者說財富締造者，本身需要對於這個領域有極強的認知。高新技術領域本身，其實也是貫穿大眾生活的。就比如我們現在瀏覽網頁的速度，早已經是過去的 N 倍了，這得益於 5G 的發展。再像是現今手機的功能也遠遠超過昔日的大哥大了，而這也是技術的革命。

又比如我們人類的平均壽命還在不斷增長，這也是醫療技術不斷進步所帶來的福音。科技甚至還可以讓我們進入虛擬世界，體驗各種前所未有的感官刺激。技術領域裡，創富的機會是非常多的，而且有可能會出現巨大的財富，前提是這項技術得到了市場的認可。只不過，現今的技術創富，也正在被資本蠶食，資本利用資金上的優勢，迅速搶佔各個領域的制高地。

一方面是助推技術發展的程序，另一方面也是迅速地消耗技術紅利。最終，那些技術的紅利，化作了資本在一級二級市場上的腥風血雨。而普通大眾，想要吃到高新技術領域的紅利，要麼通過技術入局，要麼只能在公開的股票市場上去撈一些殘羹剩飯。所以相較而言，**學習技術並擇機入局，對於年輕人來說，是一次改變命運的機會，一定**

要牢牢把握住。

（4）新能源。新能源也是未來十年必然發生，和大眾息息相關，卻又很難真正入局的行業。或者說新能源可以上升到國家戰略的層面，導致了普通人無法入局。但是新能源帶來的製造業機會，卻是很多人實實在在可以去參與的。新能源延展出來的，可能還有相關的環保行業，也是存在一定的機會。

這個方向，將會是未來很長一段時間的主題，只不過這個大方向能夠投資的機會，只存在於股權和股票市場裡。新能源這個大領域大板塊沒有問題，但能源替代這件事，最終會發展成什麼樣，猶未可知。因為技術革命，我們從最早的鑽木取火、燒炭，到後來的石油，甚至是今時最盛行的太陽能、風力發電、核能等，未來會不會大範圍運用氫能，甚至於更優質的新能源，都是未知數。

所以這個發展方向未來會有多少變革，也是很難推測的。

（5）擁有技術，才能享受高所得。目前台灣的人口的紅利已經逐漸消失，各行各業缺工情形愈來愈嚴重，建築工地、工廠裡、各種服務業，都出現勞動力不足現象，在建築相關行業，這些重體力勞動的薪水都已經大幅上漲，尤其一些具備專業技術的工種（像水電工、泥作工、電焊工、木工……），其收入水準更是遠遠超過非專技類的一般職業。工業自動化程度會越來越高，年輕人只有掌握高新技術，才能成為社會的寵兒。

（6）養老產業將成為朝陽產業。台灣已進入老齡化時代，老人的比例還會擴大，等到 60、70 後（50、60 年次）世代全部退休以後，

我們的老齡化程度將會非常嚴重。人口老齡化產生的原因，一方面是因為醫療條件的進步，另一方面是人口結構導致的必然結果。

　　依靠子女養老是一個不現實的事情，現在的中老年人最需要做的就是多賺錢，多存錢，一定要記住，錢能夠解決 90% 以上的養老問題。老年人的衣食住行，老年人的消費行為，老年人的精神文化需求，都是創富的機會。

　　養老產業將成為「朝陽」產業，今後會出現一批從事養老產業的大富豪，就像當年的房地產產業一樣。即便你認為老年人似乎沒有太多的錢，但你擋不住老年人的人口基數（2025 年起，台灣即進入超老齡化社會、每 5 個人中，就有 1 位 65 歲以上的長者）。就比如你在一個老年人口很多的地方，開一個菜場，一個水果店，生意也是非常好的。而到了年輕人聚集的地方，可能外賣餐飲就會成主流的**趨勢**。這就是不同年齡階段的消費方向不同，並不單單是消費能力的問題。

　　再加上一些醫療和健康相關的，比如營養品、保健品，甚至是保姆家政，都是老年人的絕對剛需，就會帶來龐大的市場紅利。剩下的其實就是如何精準定位需求，來賺到錢了。**未來的老年人群體，其實都已經不是那些過慣了苦日子的老年人了，更多傾向的是「品質養老」背後的市場，到底有多少紅利，是值得我們去挖掘的。**

　　（7）實體店鋪的發展趨勢。實體店被網購衝擊的形式無法逆轉，**在不久的將來，實體店的生意會越來越難做**。目前，網購已經侵入了各個行業，甚至連賣菜大媽都不能倖免，不要抱有僥倖的心理。儘早離開實體（商店）才是明智的選擇。

4.4　後疫情時代的投資變局

疫情下半場，股市房市雙雙走跌，未來房市、股市走向
會是如何呢？

房市的兩極化（分化）現象

「優質」房產通常包括以下兩個條件。

（1）一線大城市、有人口不斷移入的都會區（都市圈）和新興地
區。一線大城市、有人口不斷移入的都會區（都市圈）和新興區的房
產，因為有好的生活機能、交通便捷、加上豐沛的工作機會，會是民
眾追逐及有意購置房產的地方。

大城市吸納資金的能力也強，貨幣超發下，資金絕大部分都往大
城市跑，沉澱在房子下面的土地上。貨幣寬鬆時，一線城市的房子往
往表現得最好，原因就在於此。

（2）具備結構安全性、居住舒適性和方便性的房子。在上述地區，
依 921 之後的新法規設計、施工的房子，因為耐震的安全度較高，會
日漸成為民眾購屋的新選擇，因此其房價下跌空間有限，甚至有反轉
而上的可能。再加上近期**危老改建的新房子**在規劃設計上逐步走向**更**

耐震、更靜音、及智慧化，這樣的住宅不論在居住的舒適性、方便性、和安全性都遠遠超越之前興建的房屋。

另外，當居家上班成為另一種選項時，民眾對住宅的要求與配置也會不一樣，居家空間若能有辦公智能的設計，對購屋者來說，或許也會是考量點之一。

不具增值空間的房產

另一方面，下述房產在往後會愈來愈不看好，不僅不具增值空間還會下跌。

（1）非都會、偏郊地區。人口不斷流出，沒有太多就業機會的城市，生活機能不佳的偏郊地區，不僅房價上漲不易，而且賣出不易。在房地產市場大幅分化的趨勢下，大城市和小城市，都市圈與非城市地區，房子的待遇將是天差地別。

（2）老舊、不安全建築。老舊公寓的市場需求正在遞減，若非經濟條件受限，年輕族群幾乎都沒有購置老舊房宅的興趣，沒停車位、格局不佳、隔音不好、要爬樓梯、房屋滲水漏水問題、沒有公共服務系統，都不符合現代人的生活需求。另外，牽涉到生命安全的房屋結構安全問題更是住戶內心最怕和最不願意碰觸的難題。

絕大多數的老舊公寓，不論在居住的舒適性和結構的安全性都不理想，因而將逐漸被市場所淘汰。也就是說老舊房屋的流動性和變現性將日益低落，甚至難以流通，其市場售價將跌落到只剩下土地價值；而 4、5 層老舊公寓還會因土地產權分屬住戶共同所有，處分不易，甚

至跌落到土地價格之下。

窮者愈窮而富者愈富？

同樣是貨幣貶值，為什麼富者愈來愈富？因為富人有多餘的能力，可以「**在最有利的時機**」做「**最具效益的投資**」，所以富者變得愈來愈富。

窮人與富人不同的地方，就是因為窮人沒有多餘的錢拿來做投資，而富人則有。富人懂得用錢賺錢，所以不怕錢貶值，因為富人賺錢的本領是靠錢賺錢，而不是靠自身的勞力。

在通膨肆虐下，富者愈來愈富，窮者愈來愈窮，這是一個普遍現象。當窮人還在為填飽肚子的問題煩惱時，富人和聰明的人就已經意識到這是一個獲利機會，此時，只要懂得把握天賜良機，做一個你丟我撿的人，就可以在經濟不景氣下，獲得厚利。

通貨膨脹，股票和股權投資會是另一種選擇？

通貨膨脹下不懂得應變，只會讓自己愈來愈窮，而買進資產則是對抗通脹的不二法門。而資產最主要的四大類別，包括股票（公司股票、股權）、固定收益（債券與其他債權證券）、現金（定期存款）以及不動產。

（1）股票投資。股票可以提供不錯的通脹對沖，因為它們可以產生超過通脹的回報。而當前在各國貨幣超發下，**股市正處在有史以來**

最大的投機泡沫當中，此時投資股票必須格外謹慎。如果你對股票不夠專業，那筆者建議你應該先從投資廣泛多元化的低成本股票指數基金開始。

物以稀為貴，股市需要拉升時，也是優質股最先漲停。貨幣大放水下，會有大量的資金回流到銀行，因為貨幣增發，大量民眾的收入回歸到存款，進入了銀行，銀行又將這部分的錢，貸款給了企業（尤其是產業龍頭企業或績優的上市公司），讓企業得到成長。這部分的公司股票不斷上漲，不論是股民、股東、企業主，還是員工，都享受到了資本的紅利，財富增長也遠遠超過通脹。

買好的股票可以持續的領回公司的分紅，長期下來一定是利潤豐厚的。以台灣上市公司的 EPS 為例，目前臺灣股市的平均 EPS 不到 13，股價並不算過高；再從回報角度來看，很多股票現金殖利率都在 4% 以上，高於銀行一年定存的 4 倍以上，有些甚至在 7% 以上，顯示投資這些股票都可以獲得不錯的回報。

此外，除非整體股市大幅上漲，否則「一賺二平七賠」這樣血淋淋的真實比例從股市成立第一天到今天，都沒有改變過。之所以如此，其實就是因為普通人缺乏足夠的資源（團隊、專業、時間、和資訊）去做及時的研判，以致在操作上總是落後產業的法人之後，結果很自然的成為被收割的韭菜。

所以在整體股市沒太大變動的情況下，缺乏專業的趨勢和景氣分析（判斷）的個人，做短線的股票炒作，基本上獲利不容易。要從股市獲利，宜做中長期的價值投資。

懂得經濟和產業的宏觀分析，才能搶占先機，否則只能人云亦云，若沒有獨立的分析和判斷能力，只是盲目跟風，那麼最後多半只會成爲被收割的韭菜，所以一般普通人投資股票時，最好從指數股票基金（ETF）開始學習，由比較專業的基金經理人代操。

成功的投資都是違反人性的，每個人在進行投資的時候想到的一定都是賺錢，都希望自己的投資是成功的。但事實並非如此，在投資中，成功的投資比例超過個人投資總數的百分之五十就已經非常厲害了。從大資料中我們不難發現，所有成功的投資都是反套路和人性的。要學會獨立思考、不盲從、不冒進。

股市從 2019 年上漲迄今，已顯疲態，尤其在美聯儲以「暴力」升息抗通膨下，全球股市普跌，**在下修波段中，好的進場時候正逐漸顯現**。

要學會價值投資。包括了解產業動態、趨勢、和未來發展，像同樣的本益比，卻會因所處產業的不同（受景氣循環的影響程度、未來成長的空間和潛力）而大不相同，因應此種不同，不同的產業會有不同的估值，而企業位居產業內的地位（龍頭或是否舉足輕重），也會影響估值，因此不同產業、不同企業的估值、現金殖利率也都是判斷每種股票股價的衡量標準。

利用價值投資分析找出價值（估值 ）被低估的股票，這也是巴菲特一生都在使用的投資策略。

當前的資本經濟，逐漸走向股權投資

　　無論從哪個角度看，世界經濟從未有過如此激盪的變化：傳統企業在衰變，大企業在裂變，小企業也在銳變，個人創客時代來臨。在這個瞬息萬變的時代，過去所有的成功，都可能是你明天的拖累，原來優質的資產，都可能成為你明天的負債。

　　人類有史以來，所有的進步都來自創新。創新促進生產力進步，從而優化生產關係，最終使每個人都能找到更加適合的位置、發揮更大的作用。

　　對於每一個人來說，我們趕上了一個最好的時代。當上一輪的經濟紅利釋放殆盡，一個嶄新的時代即將到來！以網際網路做為工具，以創新思維當作源頭的新經濟結構正在誕生！而具備新知識、新理念、新思維的人將正式登上歷史舞臺！這就是資本經濟時代。

　　大陸的馬雲曾說過，很多人輸就輸在對於新興事物第一看不見，第二看不起，第三看不懂，第四來不及。股權投資是指通過投資擁有被投資單位的股權，成為被投資企業的股東，狹義的股權投資又指私募股權投資，私募股權投資，即 Private Equity，簡稱 PE，是指投資於非上市股權，或者上市公司非公開交易股權的一種投資方式。私募股權投資的資金來源，可以向「有風險辨別和承受能力的機構或個人」募集資金。

　　股權投資在未來會是最賺錢的商業模式之一，很可惜，絕大多數的台灣人看不見、看不起、看不懂。下面讓我們分析幾個大家都知道

的一些商業案例，來說明什麼是股權投資。而股權投資又爲什麼是當今最賺錢的生意。

（1）大陸的阿里巴巴，當年 1 元原始股，現在變成 161,422 元！

（2）大陸的騰訊，當年 1 元原始股，現在變成 14,400 元！

股權投資獲利的方式

首先請記得：**股權投資需要有好的人脈，知道那裡有適當的投資標的物和投資機會，但投資風險也高，投資人要懂得分析風險和機會。**通過企業上市可獲取幾倍甚至幾十倍的高額回報，很多人就是從中得到第一桶金。

（1）軟銀集團董事長孫正義，因投資阿里巴巴進而成爲當今日本首富。

（2）通過分紅取得比銀行利息高得多的現金分紅。

很多人擔心投資原始股是否一定要上市才能賺錢獲利，其實上市只是公司資本證券化原始股的變現方法，**基本上只要公司體制好，年年獲利，就算不上市，投資者仍然享有每年的高額分紅獲利。**實務也證明，只要找到一個有潛力的公司去投資，賺大錢這件事就會變得不再遙不可及。

我相信一定有很多人會問，怎麼樣判斷好的股權投資機會？

我個人認爲，成功的股權投資首先要選擇「對的公司創辦人」，

其次則爲商業模式。像，投資有聲譽的負責人、生意型態簡單，公司已經活過 5 年，有盈餘且公司展望前景佳，這樣成功就指日可待。尤其走輕資產、創新的企業更將成爲明日之星，這類型企業會快速崛起、高速成長，其股價更將以倍數成長，投資 10 年、20 年下來，其價值增長也可以達到數百倍，甚至千倍之多，這就是：人無股權不富！

房產 VS. 股票，那個好？

在注重創新的市場經濟體，股市的增長率高於房市；反之，在跑馬圈地的市場經濟裡，房市則跑贏股市。對於富豪榜上的人物，他們的舞臺在於各種有前景的產業和股票，房地產不一定是好的投資渠道。但對於大部分城市普通民眾，在產業和股票就像待割的韭菜，房地產才是相對比較好的標的物。

爲什麼？

房地產相對於股市太安全了，如果在股票市場炒股票，越是大鱷越是容易興風作浪，暗箱掌控，鯨吞散戶都不用浪費牙齒，所以股市如海，是大資本的舞臺。畢竟，散戶有什麼精力和專業去研究政策動向和國際局勢，去分析板塊動態和行業前景，對於買的這支股票的經營情況、未來發展都是一無所知，甚至部分股民對於這家公司主營業務是啥都不知道，這不是韭菜是什麼，**虧錢是意料之中，賺錢是運氣之外**。

但是在房地產市場呢？

對於普通購房者，買城市、選區域相對簡單，那個樓盤品質好壞、戶型優劣……，**但凡對房地產有一定的認知，尤其讀完本書之後，相信大多不會失手，這些算是明牌**。房地產市場是中產階級和普通民眾的舞臺，財產性收入不能只是資本家的專利，社會中堅力量的城市中產階層也應該參與其中。

　　股票市場是一般魚種與鯊魚之間的對決，而房地產市場更是雙方之間的混戰。

4.5 稱霸房地產市場的十二金條

炒房是靠剝削剛需者賺錢，講求的是「低買高賣」，沒有為消費者創造價值，這種行為筆者並不認同，也不會去做，這裡筆者要告訴大家的是：藉助房地產的正確知識、觀念，靠正確的投資來給自己創造財富。

開大門走正道，投資但求回歸本心

（1）瞭解房產知識。在買房前，一定要瞭解一些房產的基本知識，對房市要有一個大概的瞭解，做到「心中有數」，避免自己在購房時被銷售人員哄騙。其次，也要隨時去掌握一些房產的政策與動態，避免因認知錯誤而給自己帶來麻煩；在具備了房產知識後，碰到機會來臨時，更能有效的把握住，不會錯失良機。讀完本書，做好筆記，那麼你此刻的功力已超過九成的普通民眾。

（2）注意房屋的結構安全性。不同時期建築完成的建築物都必須符合該時期的建築法規要求，施工嚴謹的建築物其品質安全度較能符合法規要求，但仍有侷限性；致於施工不夠嚴謹的，那就非常糟糕了，尤其台灣的建築物在 921 地震以前，不論在設計或施工上都比較草率、馬虎。

一般而論，依據 1999 年 921 地震以後修訂過後的新法規設計和施

工（2005 年以後完工）的房子是相對安全的，**2016、2018 年的二次大地震都沒有 2005 年以後完工的房子倒塌即為明顯的證明**。除了房屋興建的年份之外，好的建商和施工的營造廠也很重要（次要），尤其是一案建商或借牌營造廠的建案，品質是不會太好的。

（3）城市的選擇。筆者一直堅持的觀點是，只有「**一定規模的城市，才有真正的房地產投資價值**」。大城市的房產不僅有居住需求，還有金融、身份的需求，當然也有生活機能、城市紅利等實實在在的需求。

長期看來，只有人口持續且保持一定幅度流入的城市，其房地產才有較大增長潛力。這也說明了台北的房價為什麼始終保持領先。除此之外，也要多研究城市規劃，找城市重點發展的區域。像是副都市中心、科技園區這類可以帶來就業機會的城市建設計劃。**選擇對了城市，成功機率就可以達到 70% 以上。**

（4）區域（地段）的選擇。除了選對城市還有功課要做，就是城市內部 區域（地段）的選擇。筆者的建議是，儘量避免破舊的老區，選擇新發展的城區，特別是城郊結合的新區。

以 10 年前房屋選擇為例，避開萬華，選擇信義（新發展的城區）、內湖（城郊結合的新區）就是正確選擇。至於現在怎麼選擇？則要注意「**政府的中長期規劃走向**」，其目的是再造經濟增長點，帶動全市發展。

（5）面積（坪數）選擇。投資型房產，購買面積（坪數）不能過大，**財務實力強的寧願「多買幾間小」的，不去買既大又豪華的**。因

爲房子是用來住的，接手的人一般是剛性需求。

　　「一個城市的房子，每到一個總價帶都會面臨一定銷售瓶頸」，成交量會顯著減少。至於買多大面積（坪數），大致的原則是，房價越高的區域，購買面積越小，20~30 坪最適合出手，最好不要超過 50 坪的，反之，房價低的區域，則不宜買面積太小的房子。

　　（6）建商品牌、信譽的選擇。這裡品牌主要指的是建商品牌。好的品牌會有溢價（Premium）效益，也是房子保值增值的利器。有品牌、信譽的建商一般在房屋營建品質、庭園景觀、生活配套等都做的相對較好，一般也會引入口碑較好的物業公司來管理，對社區環境、秩序、品質的維護較有保障。這類房子在轉手的時候價格比周邊普通社區價格高個 10 ～ 30% 都很正常，且容易轉手。

　　（7）選擇好的房型（格局）。戶型好壞直接影響到將來的居住舒適度，差的戶型不僅浪費空間面積，居住起來也十分不便。選擇格局方正的，這樣的房子也可以透過裝修設計，把格局方正的優勢最大限度釋放出來。尤其當今房價這麼貴，格局方正的房子，才能把每一吋空間都充分利用。

　　（8）愼選鄰居。所謂「千金買房，萬金買鄰」。不管你花多少錢買的房，決定你生活品質的人是你的鄰居，尤其是住在你樓上的那位，所以買房前宜先留意一下社區住戶的背景。呼朋引伴找一些志同道合的朋友一起購買入住也是好方法。

　　（9）善用槓桿。房子是這個社會上唯一一個可以 30 年分期付款買的東西，普通老百姓能夠「借」到最優惠貸款條件的機會就是房貸

了，這是制度是給購屋者的福利，要珍惜，不珍惜就等於被別人占了便宜，付款的期限愈長，每個月還貸的壓力也愈小，更何況**「通貨膨脹率經常是高過房貸利息」**的，所以不要怕付利息。

而通常最有利的還款時期在於：如果你的理財能力有限，無法跑贏貸款利率，那就選等額本金，因為你要追求更少的總利息；如果你的理財能力較強，能夠跑贏房貸利率，那就選等額本息，因為你可以追求收益的潛在最大化。

等額本息不超過貸款年限的一半，也就是 15 年；等額本金不超過貸款年限的 1/3，也就是 10 年。在上述時間一次性還款，或許會相對划算。

（10）把握購房時機。當房市處於下行階段的時候，此時市場風險低，泡沫少，反而更安全。抱持「買入之後未來房價要上漲」的想法去買房是不錯的做法。財富增長的路上，一步落後，後面步步都會落後，差距只會越拉越大。

（11）避開老屋，除非老屋改建能夠成功。老屋的房價日益下修是必然的趨勢，而且逐年下跌，所以不要貪便宜，除非老屋的屋主都有改建的共識，或你有把握說服其他的老屋屋主，否則你的老屋可能在日後變成沒有人要的棄屋，或只剩下持分土地的價值。

（12）投資能改建的老舊房屋。這一點是可遇不可求，有機會以正常價格購入能夠在近期改建的老房子，其利潤是非常豐厚的，一般情形下，50%的利潤率是可以期待的，但得非常小心，不要為了可能改建以高價買進，否則日後若改建不成，那可就套死自己了。

小資族房地產交易勝經 / 胡偉良作 . -- 初版 . -- 臺北市 :
時報文化出版企業股份有限公司 , 2023.01
　　176 面 ; 17*23 公分
　　ISBN 978-626-353-196-3 (平裝)
　　1.CST: 不動產業 2.CST: 投資
　　554.89　　　　　　　　　111018787

ISBN 978-626-353-196-3
Printed in Taiwan

識財經 43
小資族房地產交易勝經

作　　者—胡偉良
視覺設計—徐思文
主　　編—林憶純
企劃主任—王綾翊

總 編 輯—梁芳春
董 事 長—趙政岷
出 版 者—時報文化出版企業股份有限公司
　　　　　108019 台北市和平西路三段 240 號
　　　　　發行專線—（02）2306-6842
　　　　　讀者服務專線— 0800-231-705、（02）2304-7103
　　　　　讀者服務傳真—（02）2304-6858
　　　　　郵撥— 19344724 時報文化出版公司
　　　　　信箱— 10899 臺北華江橋郵局第 99 信箱
時報悅讀網— www.readingtimes.com.tw
電子郵箱— yoho@readingtimes.com.tw
法律顧問—理律法律事務所 陳長文律師、李念祖律師
印　　刷—勁達印刷有限公司
初版一刷— 2023 年 1 月 18 日
初版二刷— 2024 年 4 月 18 日
定　　價—新台幣 320 元

時報文化出版公司成立於 1975 年，並於 1999 年股票上櫃公開發行，於 2008 年脫離中時集團非屬旺中，以「尊重智慧與創意的文化事業」為信念。

【關於唐獎】

有感於全球化的進展，人類在享受文明與科技帶來便利的同時，亦面臨氣候變遷、新傳染疫病、貧富差距、社會道德式微..等種種考驗，尹衍樑博士於2012年12月成立唐獎，設立永續發展、生技醫藥、漢學及法治四大獎項，每兩年由專業獨立評選委員會(邀聘國際著名專家學者，含多名諾貝爾獎得主)，不分種族、國籍、性別，遴選出對世界具有創新實質貢獻及影響力的得主。每獎項提供5千萬獎金，其中含1千萬支持相關研究教育計畫，以鼓勵世人投入探索21世紀人類所需，以頂尖的創新研究成果及社會實踐引領全人類發展。

官網：https://www.tang-prize.org
臉書：https://www.facebook.com/tangprize